Martin Flemming
Und morgen Ewigkeit
Abschied von meiner Frau

MARTIN FLEMMING

UND MORGEN
EWIGKEIT

Abschied von meiner Frau

Martin Flemming
Und morgen Ewigkeit
Abschied von meiner Frau

Best.-Nr. 271976
ISBN 978-3-86353-976-4
Christliche Verlagsgesellschaft Dillenburg

Wenn nicht anders angegeben,
wurde folgende Bibelübersetzung verwendet:
Schlachter-Übersetzung, © 2000, CLV, Bielefeld

Außerdem wurde verwendet:
Lutherbibel, revidierter Text 2017
© 2016 Deutsche Bibelgesellschaft, Stuttgart

1. Auflage
© 2024 Christliche Verlagsgesellschaft Dillenburg
www.cv-dillenburg.de

**Die Bilder zu Beginn der Kapitel stammen nicht vom Autor;
die darauf abgebildeten Personen entsprechen daher nicht
den realen Personen der Handlung.**
Näheres bei den Bildquellen ab Seite 230.

Satz und Umschlaggestaltung:
Christliche Verlagsgesellschaft Dillenburg
Umschlagmotiv: © Shutterstock.com/itim2101

Druck: GGP Media GmbH, Pößneck
Printed in Germany

Wenn Sie Rechtschreib- oder Zeichensetzungsfehler entdeckt haben,
können Sie uns gern kontaktieren: info@cv-dillenburg.de

Inhalt

Widmung

Hinter mir liegt die schwerste Zeit meines Lebens – vor mir liegt das Werk, das dadurch entstanden ist. Dieses Buch soll allein dazu dienen, den ewigen und lebendigen Gott zu bezeugen. Er liebt uns und möchte uns in seinem Sohn Jesus vergeben und ewig retten.

Lieber Leser, mögen die Worte dieses Buches in Ihrem Herzen nachhallen. Die letzten Worte meiner verstorbenen Frau auf die Frage hin, ob Jesus tatsächlich fähig sei, sie zu retten, und ob der Glaube echt sei, lauteten:

Sie werden es an unserer Ehe sehen.

Mit diesen Worten widme ich dieses Buch meiner über alles geliebten Frau Irina, der Mutter unserer gemeinsamen Tochter Naomi.

Die Liebe Gottes ist real, und sie heißt Jesus!

Wie alles begann

Es war Freitagabend, der 22. Juli 2016. Mein Polizeikollege und ich saßen bei mir im Wohnzimmer und starrten gebannt auf den Fernseher. Eigentlich hatten wir nur gemütlich ein paar Bierchen trinken und später mit weiteren Kollegen aus der Schicht in die Stadt auf ein Schulfest gehen wollen. Aber die Sirenen der vielen Polizeiautos, die an meiner Wohnung in Augsburg vorbei in Richtung München gerast waren, hatten uns stutzig gemacht. Sie hatten uns nichts Gutes erahnen lassen, und so hatten wir den Fernseher eingeschaltet.

Wir sahen die Nachrichten, die wir mittlerweile auch schon von anderen Polizeikollegen per Mail bekommen hatten: *Amok! Im Olympia-Einkaufszentrum in München erschießt ein Mann wahllos Menschen!* Was für eine furchtbare Nachricht! Ich erinnerte mich sofort an die Hunderte Male Training für ein solches Horrorszenario, die ich in meiner alten Einheit beim Unterstützungskommando in Dachau abgeleistet hatte. Heute wurde es grausame Realität, und ich musste an meine ehemaligen Kollegen denken, die nun alarmiert wurden und in den ungewissen Einsatz fuhren.

Einige Stunden später erfuhren wir über interne Kreise, dass der Täter sich selbst erschossen hatte. Er hatte neun Menschen getötet und mehrere verletzt. Immerhin blieben bei dieser grausamen Tat unsere Kollegen unbeschadet. Die Stimmung zum Feiern war im Keller; nichtsdestotrotz trafen wir uns am Abend noch mit den Kollegen in der Stadt. Doch die schlimme Tragödie aus München erdrückte die Stimmung so sehr, dass sich unsere Runde schon bald wieder auflöste.

Mit dem angebrochenen Abend tat sich für mich aber nun noch ein ganz anderes Problem auf: Während meine Kollegen in ihr wohlbehütetes Heim zu ihren Lebenspartnern oder Familien gingen, blieb ich allein und mit einem Gefühl der Einsamkeit zurück. Zu diesem Zeitpunkt war ich nämlich 30 Jahre alt, frisch getrennt und lebte mit Schulden und Geldproblemen im Scheidungsjahr. Ich wohnte in einer Single-Wohnung in der Augsburger Innenstadt, fern von meiner eigentlichen Heimat am Starnberger See. So fühlte ich mich sehr einsam und war innerlich völlig kaputt – auch wenn das viele nicht wussten oder wahrnahmen.

Doch wie war es dazu gekommen? Ein paar Jahre zuvor hatte ich für meine damalige Freundin meinen Lebensmittelpunkt nach Augsburg verlegt und war als Polizeiobermeister im Wach- und Streifendienst auch auf das dortige Innenstadtrevier versetzt worden. Zu diesem Zeitpunkt hatte ich alles, was ich mir wünschte: Ich wohnte mit meiner Freundin in einem netten Häuschen, fuhr ein schickes Cabrio, arbeitete in meinem Traumberuf als Polizist – bereits auf Lebenszeit verbeamtet – und hatte einen Hund, wie ich ihn schon immer gewollt hatte. Mein Leben bestand aus netten Partys und schönen Urlauben – alles an der Seite meiner scheinbaren Traumfrau, die ich nach drei Jahren Beziehung schließlich auch heiratete.

Kirchlich, versteht sich. Das war mir damals sehr wichtig und sollte in meinem späteren Leben noch eine entscheidende Rolle spielen.

Doch nach der Hochzeit ging alles plötzlich sehr, sehr schnell den Bach runter: Ich musste den Hund abgeben; es gab Mietstreitigkeiten, die einen Umzug in ein zu teures Haus nach sich zogen; und enorme Geldprobleme traten hervor. Das Vergnügungsleben offenbarte, wie wenig ich mit Geld umgehen konnte, und so arbeitete ich fortan noch in einem Nebenjob. Gleichzeitig bekam meine Frau immer wieder gesundheitliche Probleme und verlor einen Job nach dem anderen. Von Beginn der Beziehung an hatte es sich ständig wiederholende Eifersuchtsprobleme gegeben, die nun in dieser Phase auf die Spitze getrieben wurden. Meine Lebenspartnerin chattete und traf sich mit fremden Männern oder Ex-Freunden, während ich in Doppelschichten arbeitete. Immer wieder führte das zu Streitereien, und irgendwann konnte ich ihr die Vertrauensmissbräuche nicht mehr verzeihen. Dabei war doch ich derjenige, der am Anfang der Beziehung einmal fremdgegangen war und das bis zum Ende verheimlicht hatte. Eine Lebenslüge. Ich kapitulierte und reichte im Frühjahr 2016 die Scheidung ein.

Dieser Entscheidung schloss sich eine gefährliche Phase in meinem Leben an, in der Alkohol, Tabak, Handygames, Sexseiten und Dating-Portale plötzlich meine besten Freunde wurden. Ich flüchtete vor mir selbst und suchte Halt in meinem altbekannten Single-Party-Leben, das aus Räuschen, Discos, Bars, oberflächlichen Beziehungen und Frauenaffären bestand.

So kehrte ich auch an dem besagten Abend, nachdem meine Kollegen alle nach Hause gegangen waren, noch in einer kleinen Bar ein, um dort einen Absacker zu trinken und meine Einsamkeit zu betäuben. Ich war bereits leicht angetrunken, als ich mich zu zwei Damen an den Tresen gesellte. Die hübsche Blondine tat es mir sofort an, und wir begannen zu plaudern. Dabei kamen wir schnell auf die Amokgeschichte zu sprechen. Sie sagte, ihre Freundin und sie seien nur wegen des Amoklaufs überhaupt in dieser Bar. Ich dachte: *Schicksal?* Die Freundin war nämlich zu dem Zeitpunkt, als der Amoklauf begonnen hatte, mit dem Zug angereist, der dann in Ulm stehen geblieben war. So hatte meine Gesprächspartnerin sie abholen müssen, und der ursprüngliche Abendplan war dahin. Sie waren also wie ich ungeplant nur auf ein Getränk in diese kleine Bar gegangen, und so lernten wir uns kennen. Ich verguckte mich in die Blondine und fragte beim Verlassen der Bar, ob ich sie noch nach Hause begleiten dürfe. Sie sagte ja, und so verbrachten wir bei warmer Sommernacht noch etwas Zeit mit netten Gesprächen vor ihrer Haustür. Als die Damen reingehen wollten, fasste ich Mut und fragte die junge Frau nach ihrer Handynummer. Zu meiner Überraschung gab sie sie mir, und ich speicherte ihren Namen ein: *Irina.*

Ich durfte Irina näher kennenlernen, und wir trafen uns nun öfter, um gemeinsam etwas zu unternehmen. Allerdings war ich sehr unsicher und konnte kaum meine Gefühle zeigen. Durch meine Vorgeschichte hatte ich sehr viel Angst, wieder verletzt zu werden, und konnte kaum Vertrauen zulassen. Andererseits wollte ich nicht einsam sein und sehnte mich sehr stark nach einer vertrauenswürdigen und ehrlichen Beziehung. Diese Unsicherheit strahlte ich natürlich auch aus, und Irina bekam einen zerstörten und in Scheidung lebenden Mann präsentiert. Kurzum: Sie war nicht besonders angetan von mir. Dennoch gab sie mir immer wieder eine Chance; und als wir einmal in einen Klettergarten gingen, schien der Funke auch bei ihr überzuspringen. An diesem Tag unternahm ich nämlich etwas, was ich lange Zeit nicht mehr getan hatte:

Ich machte etwas, woran ich wirklich Spaß hatte. Ich liebe es, draußen zu sein und mich sportlich zu betätigen. Außerdem konnte ich Irina bei Kletterhindernissen helfen, was ganz unbewusst das Vertrauen förderte. Es war ein Tag, an dem ich mich sehr frei fühlte und Irina mit meiner Freude ansteckte. Ihr gefiel der hilfsbereite Mann, der sich durch die Bäume hangelte und auch mal herumblödelte. Sie erkannte, dass der unsichere Mann sich nur immerzu versteckte und etwas Vertrauenswürdiges in ihm schlummerte. Später gestand sie mir, dass sie sich an diesem Tag im Klettergarten in mich verliebt hatte.

Künftig wurden unsere Treffen intensiver, und ich bemerkte Irinas ehrliches Interesse, was mir sehr viel Sicherheit gab. Sie verstand es, mich wirklich kennenzulernen und mehr auf meine Stärken als auf meine Schwächen zu schauen. So öffnete ich mich mehr und mehr, wurde wieder selbstbewusster und konnte ihr meine Gefühle zeigen, wodurch sie sich immer mehr in mich verliebte. Ich war überwältigt von ihrer Liebe zu mir und konnte anfangs gar nicht damit umgehen. Daher gestand ich ihr auch, dass ich nicht verstehen könne, wie eine so tolle Frau wie sie einen so zerstörten und in Scheidung lebenden Mann wie mich anziehend finden kann. Ich erklärte ihr, dass ich unter meiner Vergangenheit seelisch litt und eigentlich zu einem Therapeuten gehen wollte. Darauf antwortete sie nur schnippisch: „Du kannst bei mir in Therapie gehen!"

Ich liebte diese Frau, und ich war einfach nur baff: Sie schien auch mich wirklich zu lieben. Wir entschlossen uns also zusammenzubleiben und gingen eine Beziehung ein. Das war der Beginn unserer gemeinsamen Geschichte.

Der Neustart – Jetset und Party

Unsere Partnerschaft beflügelte uns, und wir begannen einen neuen Lebensabschnitt in unserer Wahlheimat Augsburg. Wie ich war auch Irina nicht ganz freiwillig nach Augsburg gekommen. Sie stammte ursprünglich aus Kasachstan und war im Alter von zwei Jahren während der Wende nach Deutschland gekommen. Die Familie ihrer Mutter war damals mit ihr übergesiedelt, wie es viele Menschen aus der ehemaligen Sowjetunion taten, die ihre Wurzeln in Deutschland hatten. Irinas Vater blieb jedoch zurück, und irgendwann ließ sich ihre Mutter von Deutschland aus endgültig scheiden. So lernte Irina ihren Vater nie kennen und wuchs allein mit ihrer Mutter in Kaiserslautern auf. Nach ein paar gescheiterten Beziehungen verlegte sie ebenfalls für einen neuen Lebensgefährten ihren Lebensmittelpunkt nach Augsburg. Sie nahm eine Arbeit an und hoffte darauf, mit ihrem Partner hier ein dauerhaftes Lebensglück gefunden zu haben. Allerdings trennte sich dieser Mann dann völlig überraschend von Irina – nur ein paar Monate, bevor sie mich kennenlernen sollte. Irina war ziemlich enttäuscht, da sie für den Partner ihre Heimat, ihre Familie und ihre Freunde aufgegeben hatte. Und jetzt ließ dieser Mann sie einfach sitzen. Durch die Trennung verließ Irina zwangsläufig den Freundeskreis des Ex-Partners und war plötzlich ziemlich allein in Augsburg. Sie flüchtete sich ebenfalls in das Partyleben der Stadt, mit Alkohol und oberflächlichen Affären, um ihren Frust zu betäuben.

Als wir uns kennenlernten, war also auch bei Irina einiges kaputt, und sie war dankbar, in mir einen treuen Seelenverwandten zu treffen. Wir genossen die neu entdeckte Zweisamkeit und entschieden uns, in Augsburg zu bleiben. Zunächst wohnten wir noch getrennt, aber schon sehr bald zogen wir zusammen. Wir unternahmen viel, gingen in die Berge und machten viele Ausflüge zu Irinas Freunden in die Heimat. Sie lernte auch meine Freunde kennen, und wir fuhren zusammen in den Urlaub: Südtirol, Bibione, Venedig und Mykonos – alles lief wunderbar. In Augsburg selbst bauten wir auch immer mehr Beziehungen auf und ließen es uns gut gehen. Wir gingen viel aus und tauchten in das Augsburger Nacht- und Partyleben ein. Dabei luden wir ständig Leute zu uns nach Hause ein und drehten fleißig unsere Club- und Kneipenrunden durch Augsburg. Neben unserem Arbeitsleben, den sportlichen Hobbys und dem harmonischen Beziehungsalltag waren wir somit viel mit Feiern und Kontakteknüpfen beschäftigt. Wir genossen also unser Leben in vollen Zügen und vergnügten uns – aber es hatte auch eine Kehrseite. Wir bemerkten hierbei nämlich nicht, wie sich alte Lebensmuster einschlichen, die unsere Beziehung gefährdeten.

Ein großes Thema war die Eifersucht. Wir gestanden uns das gegenseitig nicht ein, aber wir hatten hier beide große Probleme. Von Anfang an waren nämlich auch wir nicht ehrlich miteinander gewesen. Als Single waren wir beide eine ähnliche Schiene gefahren, die wir aber beim Partner als verwerflich angesehen hätten. So verheimlichten wir uns beide, dass wir während unserer Kennenlern-Phase noch Affären gehabt hatten. Wir hatten als Single jeder ein Leben ohne Regeln gelebt, und Irina beendete ihre Bekanntschaft erst, als sie merkte, dass es bei uns ernster wurde. Ich beendete meine Bekanntschaft sogar erst an dem Tag, als Irina und ich beschlossen, zusammenzukommen. Hierbei war ich jedoch so betrunken gewesen, dass ich nicht mal mehr genau wusste, wie das abgelaufen war. Das Problem war: Lügen haben kurze Beine, und so kamen die Heimlichkeiten irgendwann ans Licht. In unserer Verliebtheitsphase sahen wir uns das nicht nach; aber innerlich bohrten diese Geschehnisse in alten Wunden, tiefer und immer tiefer.

Das führte immer mal wieder zu Eskalationen, insbesondere wenn wir beide zu tief ins Glas geschaut hatten – was durchaus häufiger vorkam. Dabei gingen wir sogar so weit, dass wir selbst in der Öffentlichkeit oder in Gegenwart guter Freunde völlig ausfällig wurden und lauthals miteinander stritten. Unsere überschwängliche Liebe kehrte sich in diesen Momenten schlagartig in gegenseitige Bosheit um. Irgendwie fühlten wir uns dabei beide, als wüssten wir nicht, wie uns geschah; und es passte auch nicht zu unserer ansonsten harmonischen Beziehung. Entsprechend waren wir sehr frustriert, und unsere Streitereien führten oft ins Nichts. Es war zum Verzweifeln und hinterließ oft Fragezeichen und Tränen. Wir versöhnten uns zwar regelmäßig und führten immer sehr ehrliche Gespräche, kamen aber der Ursache nicht auf die Spur. Dieser Mangel an Erklärung beziehungsweise Verständnis führte dazu, dass wir mehr und mehr an der Beziehung zum Partner zweifelten, was an unser beider Herzen ziemlich nagte. Aber anstatt etwas zu ändern, machten wir weiter wie bisher und uns somit auch gegenseitig etwas vor. Wir vertrauten uns nämlich insgeheim nicht mehr, und die Eifersucht fraß uns so langsam, aber sicher auf. Hinzu kam, dass „alte Bekannte" in unserem Leben auftauchten. Eine Frau, mit der ich eine kurze Affäre gehabt hatte, war nun mit einem meiner Partykumpel zusammen, und der Ex-Freund von Irina war in derselben Clique wie ein befreundeter Arbeitskollege von mir. Auf diese Weise liefen uns eine Zeit lang genau die Personen über den Weg, die das Feuer unserer Eifersucht noch mehr schürten.

Unsere innere Gefühlslage wurde immer schlimmer, und wir konnten uns das beide nicht erklären – schließlich liebten wir uns doch von ganzem Herzen! *Wieso wühlen uns diese vermeintlich unbedeutenden Dinge oder Begegnungen aus der Vergangenheit so auf? Wir sind uns doch treu und brauchen eigentlich keine Angst davor zu haben, dass uns der Partner fremdgeht!* Treue und Ehrlichkeit – das waren die Werte, die wir ganz ehrlich und aufrichtig zu unseren Beziehungsgrundpfeilern gemacht hatten. *Was ist nur los mit uns?* Unsere Beziehung drohte zu scheitern, und wir merkten das – hatten aber keine Ahnung, wie wir das ändern könnten.

Wir hatten ein scheinbar völlig erfülltes Leben, und dennoch fehlte irgendetwas.

Wo ist eigentlich Gott?

Es musste etwas geschehen. Nur was? Eine Frage, die ich mir seit meiner Kindheit immer wieder einmal stellte, war: *Wo ist eigentlich Gott, wenn man ihn braucht?* Es sollte sich herausstellen, dass das eine gute Frage war. Aber zunächst einmal möchte ich einen Blick zurück in die Vergangenheit werfen, um zu erklären, warum sich mir diese Frage überhaupt stellte und was unsere Lebenssituation mit Gott zu tun hatte.

Ich bin von gläubigen Eltern erzogen und als Kind getauft worden. Von klein auf habe ich an Gott geglaubt und auch gern am Abend gebetet. Aber als ich erwachsen wurde, hat sich das nur noch in stillen Vaterunser-Gebeten am Abend erhalten. Als Teenager bat ich Gott öfter um Dinge wie: „Bitte mach, dass ich morgen auf dem Schulhof nicht wieder von den großen Schülern geärgert werde." Tags darauf jagte mich einer dieser Schüler, sodass ich mich die gesamte Pause über auf der Toilette verstecken musste. So betete ich oft, dass mich die größeren Schüler doch endlich in Ruhe lassen sollten – und geriet trotzdem ständig in Konflikte. Mal wurde ich verprügelt, mal versperrte man mir den Sitzplatz im Bus oder drückte mich aus der Tür, damit ich den Bus verpasste. Aber die Krönung war, als mir jemand meine Lieblingsjacke aus der Umkleide klaute. Wenn ich mich dann an meine Eltern wandte, war guter Rat teuer. Zwar redeten sie mit den Eltern der betroffenen Schüler oder auch mit den Lehrern, aber es änderte sich nie wirklich etwas, und auch meine Jacke tauchte nicht wieder auf. Dadurch fühlte ich mich oft stark benachteiligt und tat das auch in meinen Gebeten kund. Aber scheinbar ohne Erfolg, denn in meinen Augen erhörte Gott meine Gebete einfach nicht. Mein Erleben passte für mich nicht zu dem, was ich in der evangelischen Landeskirche über Gott erzählt bekommen hatte: einen Gott, der alle Menschen – insbesondere Kinder – lieb hat und der meine Gebete erhört. Die Realität sah für mich allerdings anders aus, und so suchte ich die Kirche nach der Konfirmation auch nicht mehr auf. Was übrig blieb, war das Vaterunser, ein Funken Restglaube an einen weit entfernten Gott und scheinheilige Teilnahmen am Weihnachtsgottesdienst.

In meiner späteren Schulkarriere erlebte ich ähnliche Szenarien, bloß dass die Charaktere immer älter wurden und die Ungerechtigkeiten sich anders ausdrückten. Ich weiß nicht, warum, aber ich bekam es immer wieder mit den übelsten Schulrowdys zu tun. Mittlerweile traf ich sie auch außerhalb der Schule an – bei den ersten Kneipenbesuchen oder am Bahnhof. So geriet ich eines Tages das erste Mal in eine Rangelei – mehrere standen gegen mich allein. Aber mein Problem damals war: Ich hatte vor niemandem Angst! Ich dachte: *Wenn ich dem Ober-Rowdy vor allen anderen eine verpasse, habe ich endlich meine Ruhe.* Ständig malte ich mir aus, wie ich mich in der S-Bahn, am Bahnhof oder vor der Kneipe mit anderen prügelte. Ich dachte nicht an Weglaufen oder Aus-dem-Weg-Gehen. Eine Flucht kam für mich nur in wenigen Ausnahmefällen infrage. Kurzum, ich verhielt mich nicht besonders clever und in

Anbetracht meiner Durchschnittsgröße doch recht übermütig und provokant.

Abgesehen von diesen Zwischenfällen hatte ich schon immer einen ausgeprägten Gerechtigkeitssinn, weshalb ich von klein auf den Wunsch hegte, Polizist zu werden. Ich konnte mich gut in Menschen hineinversetzen und war gern hilfsbereit, wo Not am Mann war oder Menschen Hilfe benötigten. Da mich meine Eltern schon früh sportlich förderten, lernte ich im Fußballverein Teamfähigkeit und wurde körperlich fit. Neben diesem Hobby ging ich außerdem in die Jugendfeuerwehr, wo ich ebenfalls in meinen Fähigkeiten, anderen zu helfen, in meinem Sozialverhalten und in meiner Fitness gefördert wurde. Vor allem aber lernte ich hier auch, Verantwortung zu übernehmen, und so durfte ich schon bald in verschiedene Leitungsfunktionen hineinschnuppern. Das machte mir Spaß und fiel mir in der Regel recht leicht. Außerdem übte unser Jugendleiter als Polizeibeamter meinen Traumberuf aus. Ich war dort also gut aufgehoben, wurde in meinen Stärken gefördert und hatte ein Vorbild.

In meinem Jugendleben hatte ich demzufolge bisher immer leicht auf der Kippe gestanden. Einerseits war ich fleißig, lernwillig, loyal, motiviert, ehrlich, freundlich und behütet – ein Teamplayer. Andererseits verhielt ich mich provokant, stur, überheblich und uneinsichtig. Mitten in der Pubertät und der Teenagerphase schlug das Pendel in die negative Richtung aus. Ab diesem Augenblick brachen meine Leistungen in der Schule völlig ein, sodass ich schließlich flog. Ich fing an, mich nach außen hin als besonders cool darzustellen, startete mit dem Rauchen, trank regelmäßig Alkohol – die ersten Vollräusche inklusive – und begann, Pornos zu gucken. Mit der Zeit prägten mich diese Dinge, und insbesondere Letzteres nahm einen erheblichen Einfluss auf mein Frauenbild. Alle wohlbehütete

Erziehung durch die Eltern, der moralisch richtige Sinn für die eine große Liebe und eine Eheschließung mit einer Frau fingen an, in mir immer mehr abzusterben. Alkohol, Tabak und Pornos: All das betäubte mich und bewirkte eine Flucht vor mir selbst.

Ich wollte Geld verdienen und von zu Hause ausziehen. So begann ich notgedrungen mit 17 Jahren meine erste Ausbildung in einem Naturkostladen, einem Familienunternehmen. Meine erste Bewerbung bei der Polizei wurde damals vom Einstellungsberater abgelehnt. Aus heutiger Perspektive zu Recht, denn ich war grün hinter den Ohren und wurde auch mit meinem ersten Schwarzfahrer-Eintrag konfrontiert. Ich sollte erst einmal reifen und eine andere Ausbildung beginnen, was wirklich ein guter Rat war! Aber gleichzeitig erlosch zunächst einmal mein Traum, Polizeibeamter zu werden, was mich ziemlich mitnahm. Dadurch wurden mir viele Dinge egal, und das meiste ergab für mich keinen Sinn mehr. Ich dachte: *Gott, wo bist du eigentlich? Du beschützt mich ja sowieso nicht – dann regle ich das eben selbst!*, entfernte mich so immer weiter von Gott und begann ein wildes Partyleben. Das Problem: Mein Azubi-Gehalt war für meine Party-Exzesse zu gering, und so geriet ich in akute Geldnot. Allen Warnungen zum Trotz überzog ich mein Bankkonto und lebte monatlich mit einem Dispokredit auf Anschlag. Aber das Partyleben, die Zigaretten und der Alkohol ließen sich auch so nicht langfristig finanzieren. So wurde ich immer hemmungsloser, um an Geld zu kommen, und begann, in den Diskotheken oder auf Privatpartys Taschen auszuräumen. Hierbei hatte ich wenig Skrupel und war oft so betrunken, dass mir erst am nächsten Tag nach dem Aufwachen bewusst wurde, was ich getan hatte. Ich schämte mich, redete mir aber die Taten schön, da ich ja die Bestohlenen nicht kannte, und schob die Schuld einfach auf den Alkohol. Damit lebte ich nach einer ziemlich dummen Regel, die ich das elfte Gebot nannte: *Nicht erwischen lassen! Wo kein Kläger, da kein Richter!*

Doch dann tat ich etwas, wodurch meine Beziehung zu dem Gott, der alle Gebote gegeben hat, scheinbar endgültig zerstört wurde.

Ich weiß es noch, als wäre es gestern gewesen. Mein Bankkonto war am Anschlag und der Monat noch lange nicht zu Ende. Indes stand die nächste Party an, und ich konnte nicht fehlen. Also griff ich zum ersten Mal in die Kasse meines Arbeitgebers. Ich weiß noch, wie das Adrenalin durch meinen Körper schoss: *Wenn mich jetzt jemand erwischt ...* Aber es war einfacher als gedacht. Das Adrenalin ließ nach, es schien überhaupt niemand zu bemerken, und sofort kamen mir beschwichtigende Gedanken: *Das war nur einmal, außerdem bist du unterbezahlt und hast eigentlich sowieso mehr Gehalt verdient. Nächsten Monat kannst du es auch wieder reinlegen.* Ich war damals um keine Ausrede verlegen, wenn es darum ging, meinen hedonistischen Lebensstil zu rechtfertigen. Als ich das Geschäft nach Feierabend verließ, war ich froh, dass ich nicht erwischt worden war, und unterdrückte mal wieder jeglichen Alarm meines Gewissens. Aber als ich Richtung Himmel blickte, packte mich ein enormes Schuldgefühl. Der erste Gedanke, der mir durch den Kopf ging, war: *Du denkst, keiner hat das bemerkt? Aber was ist mit Gott?* Zu dieser Zeit war gerade die Reality-Serie *Big Brother* sehr aktuell. Dabei werden Menschen 24/7 dabei gefilmt, wie sie in einem Haus leben, und das Ganze wird live ins Fernsehen übertragen. Diese Menschen können nichts mehr verbergen. So dachte ich: *Vor Gott ist auch nichts verborgen. Er ist immer da und erforscht dein Herz, du kannst nichts vor ihm verheimlichen. Deinen Chef könntest du noch anlügen und die Tat abstreiten, aber Gott? Irgendwann wirst du vor Gott treten müssen, und dir werden deine Taten vorgehalten werden!* Mir wurde sehr unwohl. Ich wusste, dass ich gerade einen Diebstahl begangen und der oberste Richter es genau gesehen hatte. Ich dachte etwas kindlich, dass der Himmel unser Leben ebenfalls 24/7 aufzeichnet und Gott ein Beweisvideo von meinen Taten hat. Demnach gab es für mich keine Ausrede und keinerlei Möglichkeit, diese Tat jemals vor Gott zu rechtfertigen. Mein Gewissen klagte mich also völlig zu Recht an. Ich hatte mehrfach gegen ein Gebot Gottes verstoßen – ich hatte gesündigt. Plötzlich erschien mir dieses elfte Gebot ziemlich unsinnig, und die Schuld aller bisherigen Diebstähle erdrückte mich schlagartig. Alles prasselte auf mich ein, und ich konnte nichts dagegen tun. Es war also gar nicht Gott, der weit weg gewesen wäre, sondern ich selbst. Die Konsequenz: Ich fühlte mich vollkommen verloren.

Die Erleuchtung

Verlorenheit: das mit Abstand schlimmste Gefühl, das ich je hatte. Ich brachte es zwar damals schon mit Gott in Verbindung, aber mir fehlten letztlich mehrere elementare Schlüssel, um diese Seelenregung richtig einzuordnen. *Was ist die Ursache für dieses berechtigte Schuldgefühl?* Und die noch viel wichtigere Frage: *Welchen Ausweg gibt es?* Gott klopfte damals ganz deutlich an meinem Herzen, und ich hätte mich einfach zu IHM wenden können. Aber bei meinem damaligen Gottesbild fehlte nicht nur die wichtige Komponente der Beziehung, sondern auch die Einsicht über meinen innerlichen Zustand. Die Bibel sagt dazu:

> Der HERR schaut vom Himmel auf die Menschenkinder, um zu sehen, ob es einen Verständigen gibt, einen, der nach Gott fragt. Aber sie sind alle abgewichen, allesamt verdorben; es gibt keinen, der Gutes tut, auch nicht einen Einzigen!
>
> *Psalm 14, Verse 2-3*

Obwohl mich mein Verstand an Gott erinnerte, blieb ich auf meinem Irrweg, fragte nicht nach Gott und tat weiter Dinge, die nicht gut waren – genau wie es die Bibel an dieser Stelle beschreibt. Ich behielt mir also weiterhin dieses Bild von einem weit entfernten Gott, der mich unbarmherzig beobachtet und bei Fehlverhalten hinauswirft.

So lebte ich weiter gottlos bis in die Beziehung mit Irina hinein und gelangte mit ihr an den Punkt unserer gravierender Beziehungsprobleme. Eineinhalb Jahre lebten wir bereits in einer festen Partnerschaft, und die Eifersuchtsprobleme bestimmten unser beider Gefühle. Es bahnte sich eine Katastrophe bis hin zur Trennung an – die nicht meine erste gewesen wäre –, und ich musste in dieser Not wieder öfter an Gott denken. Beinahe täglich plagten mich Verlustängste, dass auch die Beziehung mit Irina in die Brüche gehen würde; aber es schien keinerlei Lösung zu geben – bis zu dem Tag im Januar 2018 an einer Fußgängerampel.

Ich befand mich in der Stadt auf dem Nachhauseweg und blieb an dieser Fußgängerampel stehen. Meine Gedanken kreisten mal wieder um mein verkorkstes Beziehungsleben, und sinnbildlich dafür stand die Ampel auf Rot – es ging einfach nicht weiter. Ich dachte viel über die Liebe im Allgemeinen nach, aber auch konkret über meine Beziehung mit Irina. Meine Verlustängste rührten daher, dass ich schließlich ernsthaft verliebt war, aber zugleich feststellen musste, dass irgendetwas gewaltig schieflief. In diesem Zusammenhang dachte ich auch wieder ans Heiraten: *Diesmal ist es wirklich die perfekte Frau!* Und genau hier war der Knackpunkt. Mit meiner ersten Heirat und der bereits nach kurzer Zeit erfolgten Scheidung war ich ebenfalls dem altbekannten Dilemma gefolgt: Ich hatte ein Gebot gebrochen. Nun kam ich wieder nicht darum herum, diese Gedanken mit Gott in Verbindung zu bringen. Schließlich wurde ich damals in einer Kirche getraut und gab mein Versprechen: „... bis dass der Tod euch scheidet"! Ich hatte mein Wort *vor Gott* gegeben und war katastrophal gescheitert. Nun überfiel mich ein neuer Gedanke: *Was hat mich damals eigentlich so sicher gemacht, dass ich geheiratet und das berühmte L-Wort gesagt habe? Und was macht mich heute bei Irina so sicher, dass ich sie heiraten würde? Sollte Gott überhaupt noch einmal einer Ehe zustimmen?* Plötzlich musste ich mir zwei essenzielle Dinge eingestehen: Ich wusste überhaupt nicht, was Liebe ist, und ich wusste nicht, wer Gott ist. Wieder einmal kam ich mir bei dieser Erkenntnis absolut verloren vor. Ich fühlte mich wie ein Lügner, der sich bislang mithilfe von Selbstbetrug erfolgreich durchs Leben gemogelt hatte. *Wie oft schon habe ich das Wort* Liebe *missbraucht?* Ich bemerkte, dass ich ziemliche Gefahr lief, Irina zu verletzen und gleichzeitig mein Leben gegen die Wand zu fahren. Ich hatte Bammel, denn ich dachte: *Was ist, wenn es Gott gibt?* Dieser Gedanke bereitete mir echt große Sorge, denn ich registrierte: *Ich komme in dieser entscheidenden Lebensfrage allein nicht weiter.* So fasste ich – etwas unbeholfen – den besten Entschluss meines Lebens, nämlich einfach Gott zu fragen.

So stand ich an der besagten Fußgängerampel und sprach erstmals seit meiner Kindheit wieder ein persönliches Gebet. Ich blickte verzweifelt in den Himmel und betete:

„Gott, ich habe schon so oft zu Menschen ‚Ich liebe dich' gesagt und muss eingestehen, dass ich überhaupt keine Ahnung habe, was Liebe eigentlich ist. Du weißt genauso gut wie ich, dass ich damit ziemlichen Schaden angerichtet habe. Und jetzt stehe ich hier und möchte zu einer Frau wieder einmal ‚Ich liebe dich' sagen und sie sogar heiraten. Gott, ich befürchte, ich mache damit

alles nur noch schlimmer. Wenn es dich wirklich gibt,
zeig mir bitte, was die Liebe ist. Amen."

Was jetzt geschah, ist kaum in Worte zu fassen. Es fühlte sich so an, als würde die Zeit plötzlich stehen bleiben und eine tiefe Liebe in mich eindringen. Das Verrückte dabei aber war: Es war kein Gefühl – ich spürte in diesem Moment emotional absolut gar nichts. Genauso wenig kann ich diese Zeitlosigkeit besser beschreiben. Ich stand wohl eine längere Zeit dort, aber ich sah nicht auf die Uhr. Es kam mir wie ein kleiner Blackout vor, nachdem ich wieder zu mir kam – bloß dass es definitiv kein Blackout gewesen war. Ich war vollkommen mit Liebe erfüllt, und das Beste: Alle meine Ängste und Sorgen waren auf einmal wie weggewischt. Die Frage nach der Liebe und Gott wurde nun simpel geklärt: *Gott* ist die Liebe! Zum ersten Mal in meinem Leben zeigte ich Reue und erlebte, dass Gott real ist. Ich war voller Euphorie, und ab diesem Moment wollte ich nichts anderes mehr, als an Gott zu glauben. *Diesen Gott muss ich unbedingt näher kennenlernen!* Ich merkte, dass hierzu absolute Ehrlichkeit nötig war. *Keine Lügen mehr und mit Gott alles ins Reine bringen!* Das waren für mich völlig neue Gedanken, und sie sollten mein Leben komplett verändern.

Das Schöne an der Begegnung mit Gott war auch, dass er mir sofort den Mut gab, ein offenes Gespräch mit Irina zu führen. Ich wusste, dass Gott die Lösung für alles ist – und damit auch für unsere Beziehung. Gerade hier wollte ich reinen Tisch machen. Wie sinnbildlich sprang die Fußgängerampel auf Grün, und ich lief beflügelt nach Hause. Dort angekommen suchte ich sogleich das Gespräch mit Irina, und einen kurzen Moment dachte ich, sie könnte mich vielleicht für verrückt halten: *Wir haben Beziehungsprobleme, und der kommt jetzt mit Gott daher?* Tatsächlich fing sie auch erst einmal an zu weinen und war völlig ergriffen. Ich verstand zunächst nur Bahnhof; doch dann folgte allmählich ihre Erklärung, die sich für mich wie ein kleines Wunder anfühlte. Irina hatte einige Tage zuvor einen ähnlichen Entschluss wie ich gefasst. Sie war auch sehr von Eifersucht und Verlustängsten geplagt und merkte, dass, obwohl sie mich liebte, irgendetwas fehlte. Sie hatte ebenfalls früher schon einmal zu Gott gebetet, war aber analog zu mir nicht weitergekommen. So hatte sie sich ein paar Tage zuvor gleichermaßen reuig an Gott gewandt und ihn um Hilfe für unsere Beziehung gebeten. Auch für sie war in diesem Moment klar: *Wenn es Gott wirklich gibt, dann kann nur er uns und unsere Beziehung retten.*

So errettete Gott uns damals fast gleichzeitig und führte uns beide zu sich. Wir durften beide erkennen, dass er die Liebe ist und dass wir ihn brauchen, um überhaupt ansatzweise eine gute Beziehung führen zu können. So fingen wir an, voreinander und vor Gott die Dinge ins Reine zu bringen, die uns von ihm getrennt und zu den fatalen Missständen in unserer Beziehung geführt hatten. Nach und nach ploppten weitere Themen auf, und für uns beide begann eine völlig neue Liebesbeziehung. Sie wurde sehr befreiend, und wir wollten unter gar keinen Umständen wieder wie vorher leben. Diese Liebe war so einzigartig und ungezwungen, dass Gott uns zu einem neuen Paar formte.

> Gott ist Liebe, und wer in der Liebe bleibt, der bleibt in Gott und Gott in ihm.
>
> *1. Johannes 4, Vers 16b*

Gott ist die Liebe, und er ist nur ein Gebet von dir entfernt!

Katholisch oder evangelisch?

Gott hatte uns gefunden, und nach der Bekehrung stand für uns eindeutig fest: Glaube ist keine Religion. Da wir aber natürlich vieles über den Glauben noch nicht wussten oder verstanden, gingen wir auf die Suche nach Antworten. So entschieden wir uns schnell, eine Kirche aufzusuchen, mit den Gläubigen aus der Familie zu sprechen und eine Bibel zu kaufen. Der letzte Entschluss führte uns umgehend in die Konfrontation mit der Religion.

Die Bibel

Voller Zuversicht gingen Irina und ich in einen Buchladen, um uns unsere erste gemeinsame Bibel zu kaufen. Da geschah etwas, das uns heute nicht mehr verwundert, sondern vielmehr ein Schmunzeln hervorruft. Wir gingen in die Bücherabteilung „Religion" und fanden erst einmal allerlei andere Bücher, vor allem über fernöstliche und spirituelle Philosophien. Wir blickten uns hilfesuchend um, und so wurde eine Verkäuferin auf uns aufmerksam. Sie fragte, was wir suchten, und ich antwortete knapp: „Eine Bibel." Ihre Nachfrage „Welche?" machte uns stutzig, und so wiederholte ich meine Antwort: „Na ja, eine Bibel eben." Für uns war die Bibel Gottes Wort, und da es nur einen Gott gibt, leuchtete es uns nicht ein, dass es anscheinend mehrere Bibeln geben sollte. Die Verkäuferin führte uns dann zu einem Regal und blieb vor einer kleinen Auswahl verschiedener Bibelübersetzungen stehen. Sie fragte nun: „Katholisch oder evangelisch?" Wir waren verdutzt, irgendwie hatten wir damit nicht gerechnet: *Gott ist doch auch nicht evangelisch oder katholisch!* Gleichzeitig merkten wir, dass die Verkäuferin etwas überfordert war, da sie hier schließlich keinen Roman bewarb. So antwortete ich knapp: „Dann eher evangelisch." Daraufhin zog sie eine Lutherübersetzung aus dem Regal und meinte: „Dann ist die wohl besser für Sie geeignet." Na ja, Luther war uns immerhin ein Begriff. Also beendeten wir dieses für beide Seiten verwirrende Trauerspiel und kauften diese Bibel. So begannen wir damals, jeweils abends gemeinsam Gottes Wort zu lesen.

Die Kirche

Als Nächstes suchten wir ein geistliches Zuhause – eine Gemeinde. Auch hier nötigte uns die Denomination wieder zu einer Vorauswahl: katholische oder evangelische Kirche? Welche Rolle spielt eigentlich das Gebäude für den lebendigen Gott, an den wir glauben? Wir waren uns einig: *Wenn, dann finden wir ihn eher in der evangelischen Kirche – wie bei der Bibelauswahl.* Ich meinte damals zu Irina, dass ich Gott dort als Kind zwar nicht so erlebt hätte, aber mich da zumindest ein bisschen auskennen würde. Wenn er nicht da wäre, könnten wir ja immer noch woanders hingehen. So betraten wir eines Sonntags eine evangelische Landeskirche in unserem Stadtteil – für Irina eine Premiere, für mich eine Zeitreise zurück in meine Konfirmationszeit. Mein erster Gedanke war: Es ist wie immer.

Leere Bänke, ein paar greise Menschen, die wahrscheinlich zum Inventar gehörten, vorne am Altar zwischen den Kerzen ein bedächtig wirkender Mann, der mit frommer Stimme den Gottesdienst eröffnete. Aufstehen, hinsetzen, das Liederbuch öffnen, die richtige Seite an der Tafel ablesen, Orgeltöne, Hände falten, still sein – für mich war das alles interessanterweise noch sehr präsent. Doch dann blickte ich zu Irina, und ihr Gesichtsausdruck verriet mir, dass diese zeremoniellen Abläufe sie eher irritierten. Der alte Mann ein paar Reihen weiter vorne sang aus voller Kehle mit, traf aber kaum einen Ton. Ich versuchte, den melodischen Einstieg in das Lied zu finden, und trällerte leise mit. Nach dem Lied gab ich Irina ein paar Hinweise, wie es jetzt weitergehen würde, damit sie nicht nach wie vor irritiert wäre. Sie nickte immer wieder – *aha, ja, okay.* Doch dann wurde im weiteren Verlauf des Gottesdienstes offenkundig, dass ich selbst einige Dinge nicht mehr wusste, und so waren wir beide froh, als der Gottesdienst schließlich beendet war. Bis auf meine neu geweckten Kindheitserinnerungen blieben keine bleibenden Eindrücke – was irgendwie schade war –, und so ging die Suche weiter.

Die nächste Station war eine Freikirche der Baptisten. Nachdem mein Vorschlag gescheitert war, meinte Irina, dass sie jetzt eine Gemeinderichtung heraussuchen würde, in die auch ihre Familie in der Heimat ging. Ich wusste überhaupt nichts über Baptisten und googelte erst einmal skeptisch. Ich merkte, wie wenig ich mich mit Kirche und Denominationen auskannte. Deshalb wollte ich vorsichtig sein. Gerade beim Thema Religion und Gemeinschaft oder Zusammenkünfte drängte sich mir auch der Gedanke an Sekten auf. Aber alles, was ich im Internet las, klang dann doch sehr unbedenklich, und Irina hatte eine Gemeinde entdeckt, die sie sich mit mir ansehen wollte: eine Baptistengemeinde, die sich evangelisch-freikirchlich nannte.

Was war denn nun wieder eine Freikirche? Irina aber war angetan, da nach dem Gottesdienst auch noch Kaffee mit Austausch angeboten wurde, und ich schob die Fragen zunächst einmal beiseite. So besuchten wir eines Sonntags diese Baptistengemeinde und wurden am Eingang von einem netten Mann freundlich in Empfang genommen. Ein Begrüßungsteam – das schreckte mich innerlich eher ab, wollte ich doch lieber undercover bleiben. „Erich" stand auf einem Sticker an seinem Hemd, und er erklärte uns freundlich und leicht verständlich, wie hier der Gottesdienst ablaufen würde. Danach führte er uns zu zwei freien Plätzen, denn die meisten waren bereits besetzt – der Gemeindesaal war gerammelt voll. Das fand ich im Vergleich zur Landeskirche schon mal sehr erstaunlich. Jung und Alt, Familien und Ältere: Jede Generation war vertreten.

Vorne stand ein Freude ausstrahlender Mann – der Pastor. Nach der Begrüßung erschallten Lieder von einer Band, und alle sangen mit – was für eine Stimmung! Auf einer Leinwand liefen die Liedtexte mit, und in diesem Gottesdienst geschah das, was wir lebendigen Glauben nennen: Die biblischen Worte der Lieder drangen bei uns beiden tief ins Herz, und uns kamen die Tränen. Wir sahen uns an und hatten denselben Gedanken: Wir waren angekommen. Wir setzten uns, und uns wurde klar: Heute fand hier eine Taufe statt. Eine Frau bezeugte ihren Glauben an Jesus Christus, wie sie zu ihm umgekehrt war und wie Jesus ihr Leben gerettet hatte. Anschließend wurde sie in einem Taufbecken komplett untergetaucht. So hörten wir zum ersten Mal, wie der Glaube an den Herrn Jesus Christus einen rettet, und wir wussten: *Das ist die Botschaft von dem Gott, der auch uns gerettet hat.* Diese gute Nachricht hatten wir dankend angenommen.

Nach dem Gottesdienst gesellte sich wieder Erich zu uns, und bei einem Kaffee besprachen wir das Erlebte. Wir verabschiedeten uns bis zum nächsten Sonntag – wir hatten unsere Gemeinde gefunden! Aber nicht nur das; wir hatten auch den lebendigen Gott, Jesus Christus, näher kennengelernt. In den folgenden Tagen wurde uns sehr schnell klar, dass auch wir unsere Umkehr und Lebensübergabe zum Herrn Jesus in einer öffentlichen Taufe bezeugen wollten.

Unsere Glaubenstaufe

Am 3. Juni 2018 war es dann so weit: Der längst gefasste Entschluss konnte endlich in die Tat umgesetzt werden. Wir übergaben in der Taufe symbolisch unser Leben an den Herrn Jesus Christus. Ein unbeschreiblich schöner Moment und ein großartiger Tag, an dem die Familien und Freunde mit dabei waren.

> Wer glaubt und getauft wird, der wird gerettet werden.
>
> *Markus 16, Vers 16a*

Gläubig geworden, gerettet, getauft – und das alles ohne einen toten und inhaltsleeren Religionsritus. Gott sei Dank! Wir sind einfach Christen, Kinder Gottes, Nachfolger Jesu. Mit einer Bibel, neuen Bekanntschaften anderer Christen und einer Gemeinde begannen nun unsere nächsten Glaubensschritte. Zugleich brachte uns die religiöse Prägung unserer Umgebung des Öfteren mit der Eingangsfrage dieses Kapitels (Katholisch oder evangelisch?) in Berührung. Nachdem die Taufe öffentlich geworden war, hatte es auch unser Arbeitsumfeld mitbekommen. Ein Kollege sprach mich darauf an: „Hey, ich habe gehört, du hast dich taufen lassen." Ich antwortete: „Ja, ich glaube an Jesus und ..." Weiter kam ich nicht, denn er unterbrach mich sofort: „Ja, ja, ich glaube ja auch, aber was ist das denn jetzt?" Ich verstand nicht so recht: *Er glaubt auch? Was soll dann die Frage?* So gab ich etwas verdutzt zurück: „Na ja, ich bin jetzt Christ und ..." Wieder unterbrach er mich: „Du verstehst nicht. Ich bin auch Christ; aber bist du jetzt evangelisch oder katholisch?"

Da war sie wieder, diese komische Frage. Sie offenbart das Dilemma mit der Religion: Menschen glauben, sie seien Christen, weil es ihnen irgendjemand aus einer religiösen Institution beigebracht hat.

Wir sind weder katholisch noch evangelisch und gehören keiner Religion oder Institution an. Unsere Institution ist Jesus Christus!

„Religion ist das Suchen des Menschen nach Gott. Jesus ist das Suchen Gottes nach uns Menschen" (Autor unbekannt).

Verliebt – verlobt – verheiratet

Da unsere Institution Jesus Christus heißt, sind wir in ihm, in Christus, und es ist Jesus, der uns zu einer neuen Schöpfung gemacht hat. Durch seine Gnade haben wir seither eine Beziehung und einen Zugang zu Gott. Durch die Sünde waren wir getrennt von Gott, aber durch Jesu Blut ist das Alte nun vergangen. *Siehe, es ist alles neu geworden!*

> Darum: Ist jemand in Christus, so ist er eine neue Schöpfung; das Alte ist vergangen; siehe, es ist alles neu geworden!
>
> *2. Korinther 5, Vers 17*

Dieses Neue bewirkte Jesus Christus in uns, und es führte zu einer 180°-Wende in unserem Leben. Plötzlich ergaben die Worte der Bibel und die Gebote Gottes Sinn. Gleichzeitig ergaben umgekehrt gewisse andere Lebens- und Denkmuster überhaupt keinen Sinn mehr. Dieser Prozess führte dazu, dass wir radikal und konsequent eine ehrliche Bilanz unseres bisherigen Lebens zogen. Diese Bilanz lautete nüchtern gesagt: Zielverfehlung. Wir waren doch immer gute Menschen gewesen, mochte man meinen. Aber wir konnten es drehen und wenden, wie wir wollten, letztendlich mussten wir uns ganz aufrichtig eingestehen, dass wir in allen Lebensbereichen sündhaft gelebt hatten, also gottlos. Diese Bilanz tat durchaus weh, aber sie war vor allem eins: total befreiend. Durch Gottes Liebe zu uns und unsere Hinwendung zu ihm löste er unser Versagen auf und erfüllte uns mit seinem wahrhaftigen Wort (der Bibel).

Dieser lebendige Glaube unterscheidet sich vollständig von einer toten Religion. Diese Liebe ist so unbeschreiblich groß und findet innerlich statt, was wiederum zu echten Veränderungen führte und spürbare Auswirkungen auf unser Leben hatte.

> Und die Wahrheit wird euch frei machen! ... Wenn euch nun der Sohn frei machen wird, so seid ihr wirklich frei.
>
> *Johannes 8, Verse 32b und 36*

Damit wurden zwangsläufig Themen verschiedenster Lebensbereiche berührt; und es forderte uns heraus, in diesen Bereichen nun Gottes Willen zu suchen und vor allen Dingen umzusetzen. Ein Christ nennt so etwas „Heiligungsprozess", und es ist wichtig, zu verstehen, dass die einzelnen Themen und die jeweiligen Abläufe der Heiligung bei jedem Menschen ganz individuell aussehen.

Bei uns war ein großes Thema, das Gott gleich in unseren ersten Glaubensschritten auftat: Beziehung und Sexualität. *Kann denn Liebe Sünde sein?* Wir wurden uns schnell einig, dass wir bei diesem Thema eine ichbezogene und damit unheilige Perspektive von Liebe gehabt hatten (was ja Gott sei Dank zur Bekehrung geführt hatte). Es galt nur der eigene Maßstab, wodurch wir mehr in Abhängigkeit von den Bedürfnissen des anderen als in einer liebevollen Beziehung zueinander lebten. Das sollte sich ändern: Wir wollten jetzt nach Gottes Maßstab leben, und das machte uns auch richtig Spaß. Wir merkten einfach, dass dieses Thema jetzt dran war, und so sammelten wir Infos, wobei sich gleich mehrere, einander verwandte Bereiche auftaten: unverheiratetes Zusammenleben in einer Lebenspartnerschaft sowie sexuelle Reinheit kontra Pornografie, Selbstbefriedigung und unehelichem Sex.

Gerade die letzteren Dinge wollten wir schnell ändern – aber wie sollten wir der körperlichen Anziehungskraft widerstehen, wenn wir nicht schnell heiraten oder weiterhin zusammenwohnen würden? Bei uns war einfach alles verkehrt, und so scheiterte es in diesem Fall nicht an unserer Motivation, sondern an Lösungen bei der praktischen Umsetzung. Einfach schnell zu heiraten hielten wir nicht für sinnvoll, da für uns zu viele Fragen zur christlichen Ehe noch nicht geklärt waren. Doch gleichzeitig war ein Auseinanderziehen in unserer Situation schon allein aus praktischen Gründen nicht umsetzbar. Unser Beispiel zeigt: Heilung ist ein Prozess, der nicht bei jedem gleich ablaufen kann. Doch Gott kennt jeden Umstand, und er sieht die Herzen ganz genau; er möchte einfach nur, dass man ihm gehorsam ist und seinen Willen tut.

So entschieden wir uns noch vor unserer Taufe in aufrichtigem Glauben, dass wir uns sexuell rein halten wollen. Somit lebten wir ab diesem Moment enthaltsam und hielten uns von verunreinigenden Dingen fern. Das bedeutete, dass wir u. a. keinerlei pornografische Inhalte konsumierten und nicht unsere eigene Lust befriedigten. Rückwirkend betrachtet war das sehr heilsam und eine gute Grundlage für die spätere Eheschließung und unser Sexualleben – bis heute. Es mag für den einen oder anderen radikal oder vielleicht auch unmöglich (im Sinne von unschaffbar) klingen, aber es ist Gottes Wille und nur durch seine Hilfe zu schaffen! Wir hatten auch ein Auseinanderziehen in Erwägung gezogen, aber es sollte nicht so weit kommen. Gott prüfte unser Herz genau und segnete unsere Enthaltsamkeit, sodass wir uns auch in unserer gemeinsamen Wohnung rein halten konnten. Es war ein wunderbares Zusammenspiel von Gottes Willen und unserer Hingabe. Auch in den anderen Bereichen der körperlichen Sünden wurde das ein absoluter Schlüssel für uns. So durften wir z. B. von Rauchen oder übermäßigem Alkoholkonsum, exzessivem Sport oder Völlerei – alles Dinge, die uns mehr oder weniger beherrscht hatten – durch Christus frei werden und erkennen, dass wir uns hier nicht mehr versündigen wollten. Ein wunderschöner Heiligungsprozess.

In dieser Zeit beteten wir viel und tauschten uns intensiv darüber aus, wie es uns damit erging. Diese Veränderung erforderte eine tiefe Ehrlichkeit, und wir merkten schnell, dass uns das sehr guttat. Ehrlichkeit ist für Gott wie ein Wohlgeruch, und wir spürten förmlich, wie ER uns segnete, sobald wir uns in seiner Gegenwart begegneten. So konnten viele Dinge ans Licht gebracht werden – wie die Bibel das auch nennt –, und Gott führte uns in eine größere Innigkeit zueinander denn je. Unsere ersten Gespräche darüber waren regelrecht euphorisch, und wir entdeckten den segensreichen Plan hinter Gottes Willen. Er wollte, dass wir uns lieben lernten, von innen nach außen. So arbeiteten wir, auch jeder für sich, alte Dinge auf, und es machte uns immer freier und sehr dankbar.

Aber wir unterhielten uns auch über schwierige Themen, z. B. Partnerschaften aus der Vergangenheit, wobei wir uns schonungslos ehrlich sexuelle Sünden gestanden. Diese Bekenntnisse führten uns zu einer sexuellen Reinheit und zu einem Schutz der eigenen Intimität. Gott beschenkte uns hier spürbar, und wir verstanden immer mehr von seiner Liebe zu uns. So konnte ich nach einiger Zeit einen klaren Entschluss fassen: *Ich will Irina heiraten.* Die Liebe zu Gott war einfach ein starker Antrieb, und so konnte ich um ihre Hand anhalten. Irina war überrascht und gerührt zugleich; aber auch sie konnte entschlossen „Ja" sagen, und so gingen wir die Verlobungszeit ein. Im September 2018 heirateten wir schließlich standesamtlich im Augsburger Rathaus – *was für ein wundervoller Tag* –, und planten weiter die kirchliche Hochzeit für Juni 2019.

Der Baustein, der in unserer Beziehung immer gefehlt hatte, war die Liebe Gottes; und so war er es, der uns als Paar, als Mann und Frau, komplett zusammenfügte. Hierbei verdeutlichte Gott uns sehr eindringlich, wie wichtig er in unserer und grundsätzlich in jeder Beziehung ist, damit sie gesund und richtig gestaltet und gelebt werden kann. Bei uns wurde Gott die „Nummer 1", nicht mehr das eigene Ego oder der Partner. So trat zuerst Gott in unser Leben, und anschließend pflegten wir – jeder für sich, aber auch beide gemeinsam – unsere Beziehung zu ihm. Er war es auch, der uns half, die Themen miteinander zu besprechen, die uns bewegten. Wir taten das, was vielen Ehen heutzutage guttun würde: Wir redeten miteinander und mit Gott. Dabei handelte es sich um richtige Herzensangelegenheiten, in denen oftmals auch unsere Schwächen oder Fehler zum Vorschein kamen. Diese Dinge hatten stets Konfliktpotential und führten manchmal auch zu Streit. Nur weil wir Christen geworden waren, hieß das nicht, dass wir keinen Streit mehr hatten oder fehlerlos wurden – leider. Es stellte uns nur umso mehr vor Augen, wie nötig wir Gott hatten.

Das Ziel Gottes hierbei ist Frieden, so wie er der ganzen Welt die Versöhnung durch Jesus zuruft. Wenn wir ihm hier nicht konsequent unsere Schuld bekannt und uns gegenseitig vergeben hätten, wäre unsere Beziehung längst wieder ruiniert gewesen. Aber kraft seiner Vergebung und Gnade schafften wir es, uns immer wieder zu versöhnen. So begegneten wir uns ehrlich und ließen uns kontinuierlich am Herzen verändern, was uns immer mehr zusammenschweißte. Wir empfanden das als Band seiner Liebe, das uns vollkommen machte und sinnbildlich für den Bund unserer Ehe stand. Deshalb wählten wir für unsere unvergessliche Hochzeit auch den folgenden Bibelvers:

> Über dies alles aber zieht die Liebe an,
> die das Band der Vollkommenheit ist.
>
> *Kolosser 3, Vers 14*

Ich bin davon überzeugt, dass mit Gottes Hilfe (seinem Band), die beste und vollkommenste Einheit dieser Welt immer noch die Ehe zwischen einem Mann und einer Frau ist.

PS: Eine goldene Regel für ein gesundes Eheleben:
Geht niemals ohne gemeinsames Gebet ins Bett!

Der schmale Weg

In den ersten Monaten unseres Glaubenslebens erlebten wir also viele wunderbare Dinge: Alte Wunden wurden wieder heil, wir ließen uns taufen, sündhaftes Verhalten löste sich auf, und wir durften heiraten. Wir kamen schnell in den Gemeindealltag hinein, knüpften neue Kontakte, fanden einen Hauskreis und durften geistlich wachsen. Wir folgten Jesus überall nach: in unserer Freizeit wie im Beruf. Er wurde in allen Bereichen unser Vorbild. So konfrontierten wir auch unsere Freunde mit der Hölle und verkündigten ihnen das Evangelium – wir brannten förmlich für Jesus. Mein Trauzeuge beispielsweise befürchtete damals, dass er sich vor unserer Hochzeit bekehren müsse. Mein Bruder hatte Angst, unsere Kirche zu betreten, da er dachte, er würde zu Staub zerfallen. Ein Kollege versank auf dem Beifahrersitz, als ich mit dem Streifenwagen an einem christlichen Buchladen anhielt. Er dachte, ich würde ihn dort taufen lassen; und ein anderer Kollege nannte mich einen „Hardcore-Christen". Wir rochen an allen Ecken und Enden nach Jesus. Wir nahmen seine Eigenschaften bereitwillig an, wir dienten, wir gehorchten Gottes Wort, wir nahmen den

Hass der Welt auf uns, verleugneten ihn immer weniger und uns dafür immer mehr. Wir wollten, dass alle unsere Freunde zu Jesus fänden, was ja auch Gottes nachdrücklicher Wille ist: Jeder Mensch kann und soll durch Jesus gerettet werden. Doch mit einer Eigenschaft Jesu waren wir bisher kaum vertraut – mit seinem Leiden.

Leider wichen die meisten Christen in unserem Umfeld diesem Thema eher aus und redeten viel lieber über die schönen Dinge bei Gott. Damals wussten wir das nicht, aber es wurde uns immer mehr ein Kuschel-Jesus verkündigt. Hierbei wurde das Evangelium auf *„Jesus liebt dich"* verkürzt, anstatt Jesu unfassbares Leid hinter dem *„Es ist vollbracht"* zu erläutern. Aus *„Jesus starb am Kreuz für unsere Sünden"* wurde *„Gott hat lauter schöne Geschenke für dich"* – ein Dschinn aus der Wunderlampe. Wir erlebten den Ausguss eines humanistischen und liberalen Wohlstandsevangeliums in Verbindung mit gewissen charismatischen Praktiken. Einfach: Jesus in dein Herz einladen, singen, tanzen, Hände heben, Jesus liebt dich – ohne Sünde und Buße, ohne Leid und Tod, ohne Gericht und Blutvergießen. Das war billige Gnade!

Darunter litt unser Glaubensleben also gleich zu Beginn. Denn unser Hunger nach dem Wort Gottes und unsere befreienden Erfahrungen mit Gott prallten auf eine mehr als mangelhafte biblische Lehre und eine hohe Sündentoleranz. Geistliche Vorbilder, die uns in der Bibel unterwiesen und den Glauben vorgelebt hätten? Fehlanzeige. Stattdessen nahmen in dieser Orientierungsphase Menschen auf uns Einfluss, die angeblich geistliche Fähigkeiten hatten, wodurch wir sehr schnell in außerbiblische Praktiken eingeführt wurden.

Der Fokus wurde damit immer weiter weg von der Bibel und hin zu spirituellen und emotionalen Erfahrungen gelenkt. Unsere Sehnsucht nach Gott führte hierbei zu immer mehr Kompromissen, denn es hörte sich alles erstaunlich echt und gut an. So langsam, aber sicher bewegten wir uns auf einem Pfad, den wir so nie hatten betreten wollen. Von unserem ursprünglich eingeschlagenen Weg der gottesfürchtigen und selbstaufgebenden Nachfolge gerieten wir schnell in eine reibungslose, harmoniebedürftige Weltanpassung. Ein breiter Weg, auf dem insbesondere solche Menschen gehen, die sich lediglich auf dem Papier Christen nennen.

> Geht ein durch die enge Pforte! Denn die Pforte ist weit und der Weg ist breit, der ins Verderben führt; und viele sind es, die da hineingehen. Denn die Pforte ist eng und der Weg ist schmal, der zum Leben führt; und wenige sind es, die ihn finden.
>
> *Matthäus 7, Verse 13-14*

Wer denkt, dass Jesus kam, um der Welt Frieden und Geschenke zu bringen, der irrt sich. Wer annimmt, dass man durch diese Denkweise den Weg für Christen attraktiver gestalten kann, der täuscht sich und andere. Das Christentum ist keine Selbsthilfegruppe für Schwächlinge und Opfertypen. Wer Jesus nachfolgen möchte, muss auch bereit sein, persönliches und qualvolles Leid in Kauf zu nehmen – bis in den Tod. Da ist eine Spannung, in der Christen leben, und hierbei trennt sich die Spreu vom Weizen.

Der Glaube ist keine Wohlfühl-Oase, sodass man sich ständig auf einer Insel der Glückseligen befinden würde. Stattdessen wird Glauben geprüft. Ein Christ versteht, dass der Weg schmal und die Pforte ins Himmelreich eng ist. Es gibt nur einen Grund, weshalb er diesen schweren Weg dennoch in Kauf nimmt: Er weiß, dass er zum Leben führt!

Egal wie schlimm die Umstände sind, die den Weg schmaler machen; egal wie düster der Tod sich auf dem Weg vergegenwärtigt: Das Ziel ist Leben!

Jesus spricht: Wahrlich, wahrlich, ich sage euch: Wer mein Wort hört und dem glaubt, der mich gesandt hat, der hat ewiges Leben und kommt nicht ins Gericht, sondern er ist vom Tod zum Leben hindurchgedrungen.

Johannes 5, Vers 24

Die Hiobsbotschaft

Was ist eine Hiobsbotschaft? Und wer ist überhaupt Hiob?

Sehr viele Menschen nutzen den Begriff „Hiobsbotschaft" im Alltag, wobei sie genau die richtige Bedeutung damit assoziieren: eine plötzliche, ziemlich schlechte Nachricht mit völlig unvorhersehbaren und schrecklichen Ereignissen. Allerdings erfolgt dieser Gebrauch meistens floskelhaft, weil Hiob, seine Geschichte und damit auch die Herkunft des Begriffs unbekannt sind.

Das poetische Buch Hiob befindet sich im Alten Testament der Bibel. Es handelt von dem Mann Hiob, der ein Vorbild im Vertrauen auf Gott war und für seinen Glauben unfassbares Leid erfuhr. Er hatte alles, was man sich nur wünschen kann: Haus und Hof, eine Frau und Familie, Wohlstand, einen guten Ruf, einen festen Job mit sicherem Einkommen, und Gesundheit. Doch von einem Tag auf den nächsten verlor Hiob einfach alles. Mehrere Knechte hintereinander überbrachten ihm die Schreckensbotschaften, dass er seinen Hof mit seinem gesamten Besitz sowie alle seine Kinder verloren hatte. Zudem wurde er im weiteren Verlauf auch noch sterbenskrank. Daher also kommt der Begriff Hiobsbotschaft. Die Geschichte geht natürlich noch weiter; aber wir bleiben zunächst einmal am Anfang und sehen uns an, wie Hiob mit dieser Situation umgegangen ist. Hiob war gottesfürchtig und reagierte beinahe unfassbar. Man möchte ja meinen, dass er sich vielleicht das Leben nahm, vollkommen abstürzte oder sogar seinen Glauben an Gott verwarf. Doch das Gegenteil geschah, und seine Reaktion ist herzergreifend:

> Und er sprach: Nackt bin ich aus dem Leib meiner Mutter gekommen; nackt werde ich wieder dahingehen. Der HERR hat gegeben, der HERR hat genommen; der Name des HERRN sei gelobt! Bei alledem sündigte Hiob nicht und verhielt sich nicht ungebührlich gegen Gott.
>
> *Hiob 1, Verse 21-22*

Kurzum: Gott gibt, Gott nimmt. Hiob hatte verstanden, dass Gott über das Leben entscheidet – und nicht der Mensch. Wir haben sowohl bei unserer Geburt als auch bei unserem Abgang nichts, wirklich gar nichts selbst in der Hand, und wir werden auch überhaupt nichts mitnehmen. Es ist völlig egal, wie erfolgreich du in deinem Leben bist: Nichts davon kann dir ein langes und gesundes Leben garantieren! Hiob besaß alles. Aber er hatte vor allem eines – und darauf sollte es auch in unserem Leben noch stark ankommen –: einen festen und treuen Glauben an Gott.

Diese tiefe Wahrheit und Hiobs gläubige Haltung waren für mich eindringlich und ein beispielhaftes Vorbild dafür, wie wir mit unserer eigenen Hiobsbotschaft umgehen sollten.

Die Vorgeschichte

Irina ist alles andere als eine Mimose – dennoch plagten sie seit geraumer Zeit ständige Kopfschmerzen. Sie begannen in unserem Verlobungsjahr Anfang 2019 und wollten einfach nicht besser werden. Vielmehr wurde es sogar so schlimm, dass sie eines Tages von der Arbeit direkt ins Krankenhaus gebracht wurde. Sie hatte am Bildschirm plötzlich doppelt gesehen, Sprachschwierigkeiten bekommen und sich setzen müssen. Ich bekam einen Anruf von ihrer Arbeitskollegin, dass sie zusammen in der Notaufnahme waren. Nach den ersten Schilderungen musste ich an einen Schlaganfall denken, was aber sofort ausgeschlossen wurde. Was allerdings leider auch ausgeklammert wurde, war eine Kopfuntersuchung mittels MRT. Die Ärzte gingen damals aufgrund von Irinas jungem Alter nur von einer starken Migräne aus und schickten sie nach dem Vorfall wieder nach Hause. Das war ein großer Fehler, was sich aber erst Monate später herausstellen sollte. Ihr Kopfweh wurde nicht besser, und der Hausarzt wusste auch nicht weiter. Verschiedene Medikamenten-Experimente wollte Irina dann auch nicht mitmachen, sondern sie brauchte so langsam Gewissheit. Die Aussage des Arztes war schließlich sinngemäß: „Was soll das schon sein? Sie sind nicht in dem Alter, in dem man schlimmere Dinge vermuten muss; aber am Ende sind Sie die eine von 100 Patientinnen, bei der doch was ist." Schließlich überwies er sie zu einem MRT-Termin – mit acht Wochen Wartezeit.

Zwischenzeitlich heirateten wir und flogen einen Monat nach der Hochzeit (Juli 2019) in die Flitterwochen. Eines Nachts brach Irina im Hotelzimmer das erste Mal zusammen. Ich erwachte von dem dumpfen Schlag und fand sie reglos am Boden. Ein Schreckensmoment, doch Gott sei Dank kam sie schnell wieder zu sich. Wir waren perplex: *Was machen wir jetzt? Mitten in Marokko zu einem Arzt gehen?* Die Flitterwochen waren natürlich der absolute Horror: Ständig kamen immer stärkere Kopfschmerzen, und die Erinnerung an ihren Zusammenbruch war dauerhaft präsent. *Irgendetwas stimmt hier nicht.* Zurück in Deutschland wurde dann endlich bei einem Arzt ein MRT ihres Kopfes gemacht. Ab hier sollte sich unser, aber vor allem Irinas Leben schlagartig ändern. Denn hier kam sie:

Die Hiobsbotschaft

„Sie haben einen Gehirntumor, vorne links, ca. fünf Zentimeter. Diese Größe ist kein gutes Zeichen; aber es ist auch ein Wunder, dass Sie überhaupt noch normal vor mir stehen. Sie müssen sofort ins Krankenhaus, das muss schnell operiert werden."

Der Arzt verbot ihr, mit dem Fahrrad heimzufahren; auch zur Arbeit durfte sie nicht mehr, um noch die Fenster zu schließen. Irina war schockiert und perplex, als sie mit dem Taxi nach Hause kam und mich weckte. Ich hatte mich ausgeruht, da ich eigentlich den Nachtdienst vor mir hatte; aber die Tränen meiner Frau machten mir deutlich, dass ich heute nicht mehr arbeiten gehen würde. Dieser Moment, als sie mir die Botschaft überbrachte, war völlig surreal. Ich versuchte, sie zu beruhigen und gleichzeitig meine Gedanken zu sortieren. Ich zog mir etwas an, und wir fuhren schweigend in die Notaufnahme des Klinikums. Ich war wie ferngesteuert, meine Gedanken waren durcheinander, sodass ich in einem Kreisverkehr sogar die falsche Abfahrt nahm, bis wir dann in der Notaufnahme ankamen. Die blutjunge Ärztin wiederholte die Diagnose nochmals. Aufgrund der Lage des Tumors und seiner Größe musste sofort operiert werden. Man musste auch davon ausgehen, dass der Tumor in diesem Stadium bösartig war. „Was sind die Optionen? Was heißt bösartig?" – „Es gibt keine Option, bösartig heißt sehr wahrscheinlich unheilbar." – „Unheilbar? Wie hoch ist denn dann die Lebenserwartung?" – „Na ja, schwer zu sagen, vielleicht ein Jahr oder ein bisschen mehr." Jetzt zwickte ich mich – *leider kein böser Traum*. Sondern eine reale Hiobsbotschaft. Abgesehen von dem Schock, den diese Worte in dem Moment auslösten, hätte man wohl zunächst mit einer massiven Reaktion gerechnet: Heulkrämpfe, Todesangst, Panik, Ohnmacht etc.

Stattdessen herrschte bei mir innerlich erst mal völlige Ruhe. Wir blickten uns an, und die innere Ruhe spiegelte sich auch bei Irina wider. In unseren Blicken lag eine Mischung aus Liebe und Glaube, absoluter Vertrautheit, Sicherheit und Hoffnung; einfach Ruhe und Frieden. Natürlich war die Lage ernst – doch wir lächelten uns an und zuckten mit der Schulter. Es war alles gesagt, auch ohne Worte. In unseren Blicken spiegelte sich folgender Vers wider:

> Nun aber bleiben Glaube, Hoffnung, Liebe, diese drei;
> die größte aber von diesen ist die Liebe.
>
> 1. Korinther 13, Vers 13

Gott ist gut, und er macht keine Fehler. Egal wie es weitergehen würde, Gott hatte unser Leben in der Hand, und wir wollten ihm allein vertrauen.

> Ich aber, HERR, hoffe auf dich und spreche:
> Du bist mein Gott! Meine Zeit steht in deinen Händen.
>
> Psalm 31, Verse 15-16a (Luther)

Die erste Operation

Irina wurde am 26. Juli 2019 direkt stationär aufgenommen. Es war bereits Abend, und so verließ ich das Klinikum. Diese Trennung durchschnitt unsere friedlichen, ruhigen Gedanken schlagartig und gnadenlos. Ich stand am Parkplatz der Notaufnahme, und die Gedanken fingen an zu kreisen: *Ein fünf Zentimeter großer Tumor im Kopf. Wie geht es weiter? Wie wird Irina damit nur fertig?* Ich musste jemanden anrufen. Aus mehreren Gründen fiel mir einer unserer Ältesten der Gemeinde ein. Wir waren die Tage eigentlich bei ihm und seiner Frau zum Essen eingeladen gewesen. Das konnte nun nicht stattfinden, und ich dachte außerdem an das Gebet der Ältesten aus der Bibel:

Ist jemand von euch krank? Er soll die Ältesten der Gemeinde zu sich rufen lassen; und sie sollen für ihn beten und ihn dabei mit Öl salben im Namen des Herrn. Und das Gebet des Glaubens wird den Kranken retten, und der Herr wird ihn aufrichten; und wenn er Sünden begangen hat, so wird ihm vergeben werden.

Jakobus 5, Verse 14-15

Ich griff zum Handy. *Wie wird er das aufnehmen?* Ich rang um Fassung, es klingelte. Er meldete sich gewohnt fröhlich. *Wie fange ich an …? Wie müssen sich wohl die Knechte bei Hiob damals gefühlt haben, als sie ihm die schrecklichen Verluste übermittelten?* Bei der Arbeit muss ich ab und zu Todesnachrichten überbringen – etwas, an das man sich nie wirklich gewöhnen kann. Denn hierbei herrscht immer eine gewisse Anspannung: Wie wird das Gegenüber reagieren?

„Hallo?" – „Ja, hallo, ähm, wir können nicht zum Essen kommen", begann ich, danach zwängten sich die Worte aus mir heraus. Ich wollte selbst nicht wahrhaben, was ich da sagte. Der Älteste war erstaunlich ruhig, wofür ich sehr dankbar war. Er ermutigte mich und versprach, sofort die Gemeinde zum Gebet aufzurufen. An Weiteres kann ich mich nicht mehr erinnern.

Meine Eltern hatte ich schon früher informiert, und Irina rief ihre Mutter von der Station aus selbst an. Es tat gut, darüber zu reden, es einfach zu sagen; dennoch bildete sich in mir ein Widerstand, die Situation als real zu empfinden. Es war auch noch viel zu früh, um sachlich und objektiv darüber zu sprechen. Ich hatte viel zu wenige Informationen über medizinische Dinge, mit denen ich mich noch nie auseinandergesetzt hatte. Die emotionale Phase hatte noch nicht begonnen – ich unterdrücke Gefühle manchmal ungewollt lange. So setzte ich mich erst einmal ins Auto und fuhr nach Hause. Dabei hatte ich das Bedürfnis, noch jemanden anzurufen: meinen Trauzeugen. Das Freizeichen ertönte durch die Freisprecheinrichtung – ich empfand es als total unangenehm. Auch er meldete sich wie üblich gut gelaunt – na klar. Wieder vergegenwärtigte ich mir, wie unerwartet das jetzt für ihn sein musste, und mir versagte die Stimme. Er fragte nach, was los sei. Ich konnte und wollte keine schlechte Nachricht verbreiten, und mir schossen Tränen in die Augen. Ich hielt am Fahrbahnrand an. Am anderen Ende der Leitung wurde es still. Wir kannten uns sehr gut – er wusste gleich, dass etwas nicht in Ordnung war. Wieder merkte ich, wie schwer es mir fällt, Gefühle zuzulassen. Ich dachte daran, dass ich vor meinem Freund noch nie so geweint hatte. Plötzlich sagte er ganz ruhig: „Fahr bitte rechts ran und atme erst mal durch." Ich stand ja schon, aber atmete sehr gepresst. Schließlich brach alles aus mir heraus.

Beim Schreiben kommen mir wieder die Tränen. Auch wenn einige Erinnerungen an diese Gespräche und Momente nicht mehr da sind, so ist der Schmerz doch geblieben.

Auf jeden Fall war ich für seine Anteilnahme sehr dankbar, denn so konnte ich mich sammeln. Er legte auch erst auf, nachdem ich ihm versichert hatte, dass ich soweit fit war und sicher mit dem Auto nach Hause kommen würde. An seiner Stelle hätte ich wohl genauso gehandelt, und so war ich dankbar für diese Umsicht und Fürsorge. Ich merkte, dass sich in mir nach wie vor ein Gefühl der Annahmeverweigerung breitmachte. Ich wollte nicht wahrhaben, dass Irina in dieser Lage war. Es kam auch eine gewisse Wut in mir hoch, aber mein Gehirn fing langsam an, die Gedanken besser zu strukturieren. *Wir werden beten – Gott weiß, was los ist!*

Noch am selben Abend trommelte ich unseren Hauskreis zusammen, und die Geschwister kamen ohne zu zögern zu mir nach Hause. Ich erklärte ruhig, was los war, und schilderte ihnen wie bei einer Einsatzbesprechung meine Gebetsanliegen. Zuallererst dankten wir Gott, dass er Irinas Leben in seiner Hand hielt. Dann beteten wir für Irina, dass sie

> Betet ohne Unterlass! Seid in allem dankbar; denn das ist der Wille Gottes in Christus Jesus für euch.
>
> *1. Thessalonicher 5, Verse 17-18*

im Krankenhaus ruhig und bewahrt bleiben würde. Danach beteten wir auch um Weisheit für die Ärzte und um Gottes Führung bei der OP. Wir beteten lange; einige begannen, mit mir zu fasten, und die Einheit vor dem Thron baute mich unfassbar auf.

Meine Erinnerung an die damaligen Zeiten und Abläufe ist heute teilweise verwischt. So schildere ich die nachfolgenden Ereignisse, wie sie um den Tag der Operation herum stattgefunden haben *könnten*.

Freunde kamen spontan zu Besuch und brachten Irinas Mutter mit; einige reisten von weit her an. Irinas Onkel Benjamin und seine ganze Familie waren auf der Rückreise von Kroatien. Sie lasen die Nachricht, die ich über den Familienchat versendet hatte, und machten einen Abstecher nach Augsburg. Sie kamen spätabends an, als es für einen Besuch auf der Station bereits zu spät war. So übernachteten sie alle in der Eingangshalle des Klinikums. In der Früh besuchten sie Irina, beteten zusammen, und Benjamin salbte sie mit frischem Olivenöl. Als ich ankam, waren sie bereits wieder abgereist. Als Nächstes musste ich Irinas Handy „konfiszieren". Zu viele Menschen waren so erschrocken über die Nachricht, dass sie Irina teilweise völlig unüberlegt mit Nachrichten und Anrufen bombardierten. Teilweise saß ich nur noch an unseren Mobiltelefonen und beantwortete die Flut an Nachrichten. Immer wieder beteten wir gemeinsam. Auch der Älteste aus der Gemeinde kam vorbei, mit Bibel und Salböl bewaffnet. Es ereigneten sich wieder Tränen, Gebet und Salbung.

Dann kam der 31. Juli 2019, der Tag der Operation – ein Tag vor Irinas 30. Geburtstag. Ein Pfleger kam und verabreichte ihr eine Flüssigkeit, die den Tumor für den Chirurgen erkennbar machen sollte. Da das Zeug bei Licht gefährlich ist, wurde

Irina abgedeckt. Mich überkam ein kurzer Schauer: *Leichen werden auch abgedeckt* ... Ab dann ging alles sehr schnell. Die Pfleger holten sie hektisch ab, und so hatten wir gar keine Zeit für einen richtigen Abschied. Schon war sie im Aufzug. Nun hieß es warten.

Ich informierte wieder Freunde, Familie und Glaubensgeschwister. Die Gemeinde hatte einen Gebetsaufruf gestartet. Meine Mutter fuhr hin und informierte die Geschwister fürs Gebet, während ich im Krankenhaus blieb. Nach mehreren Stunden der Ungewissheit – die OP verlief ohne Komplikationen – kam Irina schließlich auf die Intensivstation. Der Tumor hatte wie durch ein Wunder vollständig entfernt werden können. Ich erinnerte mich an die Worte der Ärztin aus dem Vorgespräch: Bei Tumoren sei die OP ein entscheidender Faktor für die weitere Behandlung. Im besten Fall könne man das Gewebe nahezu vollständig entfernen; in den meisten Fällen gelänge das aber nicht, da sich das Gewebe bei der Öffnung des Schädels verteile – wie ein Eigelb, das aufgestochen wird. Dann erinnerte ich mich an unser Gebet, dass der Tumor doch hart wie ein Stein bleiben sollte, damit er entfernt werden könne. Gott erwies sich als der Arzt aller Ärzte – die Ärztin bestätigte, dass der Tumor auf wundersame Weise völlig hart geblieben war. In ihrer langjährigen Chirurgenlaufbahn hatte sie so etwas noch nicht erlebt und bisher nur davon gehört.

Irinas und meine Mutter durften mit mir auf die Intensivstation. Ich wusste, was mich erwartete, da ich beruflich schon oft Gefangene auf der Intensivstation bewacht hatte. Aber diese Situation war etwas völlig anderes – hier lag meine Frau. Die ganzen Schläuche, das laute Piepen, überall noch Blutreste an ihr ...

Ich stand neben dem Bett. Ihr Gesicht war angeschwollen, der halbe Kopf war kahlrasiert, und von der Stirn bis zum linken Ohr zog sich eine lange, gebogene Narbe. Sie war entstellt, aber meine Gefühle der Liebe sind, wie bei Jesus, innerlich. Ich nahm ihre Hand, wurde dankbar, dass sie lebte und dass bis dahin alles gut gelaufen war. Dann kam das wichtigste Zeichen: ihre Sprache. Eine große Nebenwirkungsgefahr bei Gehirnoperationen ist, dass Menschen danach nicht mehr richtig sprechen können. Aber sie flüsterte leise, erkundigte sich nach unseren Freunden und bat um Marmelade zum Frühstück.

Danach dämmerte sie wieder weg.

Diagnose und Therapie

Nach kurzer Zeit wurde Irina wieder auf die Station der Neurochirurgie verlegt, und trotz massiver Schmerzen konnte sie sich über ein Meer aus Blumen auf ihrem Zimmer freuen. Es war natürlich ein Geburtstag wie kein anderer, und viele Freunde schickten Blumen und Grußkarten ins Klinikum. So viele Menschen fieberten mit und beteten für einen positiven Ausgang. Die Anteilnahme war einfach überwältigend. Doch Irina musste sich selbstverständlich auch erst einmal erholen und war eine Zeit lang außer Gefecht gesetzt. Ich war jeden Tag im Klinikum und saß einfach stundenlang neben ihr, während sie schlief.

Bald schon bekam sie Physiotherapie, da sie das Laufen wieder neu lernen musste. Spätestens dabei wurde klar, dass nichts mehr wie vorher war. Doch wir waren dankbar und redeten viel über das Erlebte. So erinnere ich mich an einen Tag, als wir im Gemeinschaftszimmer der Station saßen und eine kleine Familie hereinkam. Ein Mann mit einer jungen Tochter, vielleicht vier oder fünf Jahre alt, schob seine Frau im Rollstuhl herein. Sie hatte wie Irina eine frische Operationsnarbe am Kopf, und das Paar war vielleicht zehn Jahre älter als wir. Aber die Frau konnte kaum noch sprechen. Immer wieder sah sie hilflos und nach Worten suchend zu ihrem Mann, der wiederum hilflos zurückblickte und raten musste, was sie wohl sagen wollte. Das Geschehen berührte uns und machte uns traurig, aber zugleich auch dankbar. Wir empfanden Mitleid mit dieser jungen Familie und waren dankbar dafür, dass Irina bis auf die Schmerzen keine weiteren Schäden davongetragen hatte.

Sechs Tage nach der Operation hatten wir einen richtungsweisenden Termin bei der operierenden Neurochirurgin. Nach der Operation war nämlich Gewebe des Tumors entnommen und in ein Labor eingeschickt worden. Man hatte es den Ärzten angemerkt: Sie hatten keine Prognosen abgeben wollen, und so gingen wir mehr oder weniger unvorbereitet in dieses Gespräch. Wir wussten lediglich, dass es böse Arten und gute Arten von Tumoren gibt. Bei guten Arten kann man medizinisch mittlerweile vieles machen, bei bösen Arten leider relativ wenig. Wir wussten, dass unser Leben nicht von dem Ergebnis dieser Laboruntersuchung abhing, denn in Jesus haben wir ewiges Leben. Aber mit dem Ergebnis würden wir zumindest wissen, mit welchen irdischen Lebensumständen wir es wohl zu tun bekommen sollten. Ein Tumor bedeutet nun mal Lebensbeeinträchtigung. So beteten wir vorher und bekamen die innere Ruhe, dass der Tod nicht das Ende ist. Wir beschäftigten uns seither nur noch mit dem Himmel und redeten viel über die Ewigkeit, die immer mehr zu unserer Perspektive wurde. Wir sahen es in etwa so: Egal, was bei dem Gespräch herauskommen würde – wir waren in einer Art Win-win-Situation. Offenbarte sich, dass Irina länger leben könnte, würden wir uns freuen; offenbarte sich, dass sie bald sterben müsste, durfte sie früher in den Himmel. Dann eröffnete die Ärztin uns das Laborergebnis:

„Es ist ein Astrozytom WHO Grad lll, ein bösartiger Tumor, der nicht geheilt werden kann." Stille. Irinas Mutter war mittlerweile dauerhaft angereist und mit dabei. Sie nahm Irina in den Arm, während ich schweigend ans Fenster ging und Richtung Himmel blickte. Die Ärztin wurde immer nervöser – sie schien die Ruhe nicht zu ertragen und erwartete irgendeine Reaktion. Plötzlich sagte sie etwas emotional: „Sie dürfen auch weinen, das ist in Ordnung." Wir blickten sie an, Irina blieb ruhig und fragte nur: „Wie lange habe ich noch zu leben?" Die Ärztin hielt sich natürlich bedeckt, denn eine solche Prognose ist nicht möglich. Aber nach einer ausführlichen Besprechung erklärte sie, dass es statistisch gesehen wie folgt aussehe: Im besten Fall scheint die Lebenserwartung bei sechs bis acht Jahren zu liegen, im schlechtesten Fall bei einem bis zwei Jahren. Es gibt keine Heilmedizin, sondern nur Chemo- und Strahlentherapie, welche uns auch sogleich empfohlen wurden. Mit diesen Informationen gingen wir zurück auf die Station, und direkt kamen uns viele Fragen: *Was bedeuten diese Therapien für den Alltag? Welche Auswirkungen haben sie?* Dabei kamen wir sehr bald auf das Thema Kinderkriegen zu sprechen, denn eine Chemotherapie bewirkt in der Regel Unfruchtbarkeit.

Später sollte dieses Thema nochmals eine Rolle spielen, doch zunächst ging es nach mehrwöchigem Krankenhausaufenthalt in die erste Therapiephase. Nach reichlicher Überlegung und einer ärztlichen Zweitmeinung hatten wir in eine Chemotherapie mittels Tabletten eingewilligt, die zeitnah nach der Entlassung begann. Anfang September folgte dann die Strahlentherapieberatung. Der Strahlenarzt fasste es folgendermaßen zusammen: Die Wahrscheinlichkeit, in Irinas Alter und bei ihrem ansonsten gesunden Zustand von dieser Erkrankung betroffen zu sein, liege bei 1 zu 100 000. Die wenigsten Ärzte in seinem Bereich bekämen so einen Patienten, und auch bei ihm sei Irina kurz vor seiner Rente der erste. Nach dem aktuellen Stand der Forschung könne diese Krankheit nicht geheilt werden, aber Irina sei in seinen Augen eine positive Patientin.

Es fehlte noch eine weitere Gewebeprobe, weshalb der Beginn der Strahlentherapie noch einmal um eine Woche verschoben wurde. Der Arzt machte einen sehr engagierten Eindruck und brachte viel Berufserfahrung mit. Die Gespräche liefen gut, und er machte einen hoffnungsvollen Eindruck. So fragten wir ihn, ob er denn auch an Gott glaube – doch seine Antwort war erschreckend: Er gehe in die Kirche, sehe aber jeden Tag Kinder, die mit Krebs zu ihm kommen und daran sterben – wie könne man da an einen guten Gott glauben? Dieser Mann hatte ein fatal falsches Gottesbild, das uns etwas erschütterte. Aber wir konnten das in diesem Gespräch auch nicht mehr geradebiegen.

Die Gewebeprobe ergab nichts Neues mehr, und so startete eine Woche danach die verordnete 30-tägige Therapie. Ich fuhr Irina jeden Tag in die Strahlenklinik. Zusätzlich nahm sie täglich die Medikamente der Chemotherapie ein, und nur am Wochenende war Pause. Die ersten Sitzungen vertrug Irina noch ganz gut, doch dann kamen so langsam, aber sicher die ersten Nebenwirkungen zum Vorschein: Müdigkeit, Kopfschmerzen und Übelkeit.

Heilt Gott heute noch?

Schon vor Beginn der Strahlentherapie hatte Irina ihr Vertrauen voll auf Gott gesetzt: *Er heilt – die Ärzte helfen.* Bevor wir zur Strahlentherapie gingen, beteten wir immer gemeinsam im Auto auf dem Parkplatz, und Irina las im Wartebereich in ihrer Bibel. Leider wurden wir in dieser Phase auch durch Personen unseres Umfelds beeinflusst, die sehr stark an Heilungswunder glaubten. Eine gefährliche Saat breitete sich in unseren Herzen aus, die wir damals noch nicht einschätzen konnten. Jeder Mensch hat ein Grundbedürfnis nach Gesundheit, und kranke Menschen sehnen sich fast automatisch nach Heilung. Dies führte schließlich dazu, dass wir an einem Heilungsgottesdienst in Griechenland teilnahmen, was wir heute nicht mehr machen würden. Der Heiler schlug mit der Hand auf Irinas OP-Narbe, sodass sie anschließend Schmerzen hatte. Im Anschluss erklärte er sie sogar für geheilt – und das im Namen von Jesus!

Dennoch führten all die Geschehnisse zu dem wohlüberlegten Entschluss, die Chemotherapie abzubrechen. Bis heute sind wir davon überzeugt, dass das der richtige Schritt war, wie sich im späteren Verlauf der Erkrankung bestätigen sollte.

Die Strahlentherapie lief erst einmal weiter, bis der Arzt plötzlich die Anzahl der Sitzungen verdoppelte. Wir baten um Erklärung – doch diese blieb aus; es wurde behauptet, es wären schon immer 60 Sitzungen vereinbart gewesen. Wir waren verwirrt, denn weder der Terminplan noch unser Kalender bestätigten diese Aussage – im Gegenteil. Wir suchten das Gespräch, doch der Arzt wirkte kalt und distanziert – so hatten wir ihn bisher noch nicht erlebt. Wir waren sicher, dass diese Aussage falsch war, und so löste sie Unsicherheit bei uns aus. Dennoch war der Arzt nicht bereit, vernünftig mit uns darüber zu reden, und blockte alles ab, wodurch wir keine Ruhe und Klärung bekamen. Wir fühlten uns nicht mehr gut behandelt, aber Irina machte zunächst tapfer weiter und vertraute weiter auf Gottes Führung. Schließlich ermutigte sie ein Bibelvers, und sie entschloss sich, die Therapie abzubrechen.

Das Gespräch mit dem Arzt war für uns bezeichnend. Obwohl immer kommuniziert worden war, dass stets der Patient die absolute Entscheidungsfreiheit habe und dass das immer berücksichtigt werden solle, wurde er sogar verbal ausfällig. Gleichzeitig übte er massiven Druck auf uns aus, die Therapie fortzusetzen, allerdings ohne das sinnvoll zu erklären. Erst nach einigen ruhigen Erklärungen unsererseits ließ er sich besänftigen und lenkte etwas ein. Doch eines machte er uns deutlich: Er war der Arzt, und er hatte recht. Wir wissen bis heute nicht, was diesen Konflikt mit dem Arzt ausgelöst hat, aber hierbei widersprach er sich selbst und auch dem Ärztekodex. Irina war der Patient, und deshalb hatte sie „recht". Zum Schluss wurde das Gespräch schließlich noch unprofessioneller und fast schon grotesk. Der Arzt versuchte ein letztes Mal, Irina davon zu überzeugen, die Therapie weiterzumachen, da sie seiner Meinung nach sonst nur noch ein halbes Jahr zu leben hätte. Wir sind davon überzeugt, dass dieser Arzt es nur gut mit Irina meinte; dennoch fanden wir diese Prognose und den Umgang mit uns sehr gewagt. Das war schade, denn wir hatten uns immer gut mit dem Arzt verstanden und sind grundsätzlich nicht negativ gegenüber Ärzten oder Kliniken eingestellt. Das gilt nach wie vor. Deshalb beteten wir jeden Tag für die Ärzte, für das Personal und für die Menschen, die uns in den Warteräumen begegneten. Nach diesem Gespräch mit dem Arzt war für uns klar, dass auch diese Entscheidung zum Abbruch vollkommen richtig war.

Im Oktober 2019 hatten wir dann das Abschlussgespräch mit der operierenden Neurochirurgin, welches deutlich professioneller ablief. Sie zeigte Verständnis für die Entscheidung und gab dennoch die medizinische Empfehlung, die Therapien fortzusetzen. Sie teilte unsere Meinung, dass eine so junge und fitte Patientin wie Irina durchaus gute Chancen hatte, den Tumor zu überstehen. Sie drückte es ungefähr so aus: „In mir sind zwei Herzen. Das eine sagt: Ich bewundere Ihren Glauben und Ihre Hoffnung und denke, dass Sie es so schaffen werden. Und mein Medizinerherz sagt mir, dass ich zu Therapien raten muss." Wir waren dankbar für dieses Gespräch und vereinbarten einen Termin in einem halben Jahr zum nächsten MRT.

Auch wenn wir uns phasenweise zu sehr auf die Charismatik und die Heilungsbewegung eingelassen hatten, konnten wir später vieles zum Thema Heilung reflektierter betrachten. Der schmale Weg blendet eine übernatürliche Heilung durch Gott nicht aus, und wir glaubten auch, dass Gott Irina vollständig heilen könnte. Aber viel wichtiger für uns war die Tatsache, dass Irinas Leben bereits in Gottes Hand ist und es seine Entscheidung ist, ob er eine Heilung schenken möchte. Das führte bei uns zu einer Annahme des Leids und zu einem unbändigen Frieden, der notwendig war, um das Leid überhaupt ertragen zu können.

Wir fühlten uns in einer ähnlichen Situation wie die drei Freunde von Daniel in der Bibel.[1] Dort wird beschrieben, wie diese drei gläubigen Männer in einen Feuerofen geworfen werden sollten, weil sie nicht das goldene Bild des Königs Nebukadnezar angebetet hatten. Der König war sauer darüber, fällte das Todesurteil über sie und verspottete sie mit den Worten: „Wer ist der Gott, der euch aus meiner Hand retten könnte?" (Daniel 3, Vers 15c). Daraufhin flehten die drei Männer nicht etwa diesen mächtigen König an, dass er doch das Unheil von ihnen abwenden sollte. Sie gaben trotz der Drohung mit der Todesstrafe nicht nach und beteten das goldene Bild weiterhin nicht an. Gleichzeitig bestürmten sie auch nicht plötzlich und voller Panik Gott, als ob man ihn zum Eingreifen überzeugen müsste. Nein, sie hatten bereits verstanden, wer über ihr Leben entscheidet, und erwiderten dem König wie folgt:

> „Wir haben es nicht nötig, dir ein Wort darauf zu erwidern. Ob unser Gott, dem wir dienen, uns retten kann – sowohl aus dem brennenden Feuerofen als auch aus deiner Hand, König, wird er uns retten – **oder ob nicht:** Es sei dir jedenfalls kund, König, dass wir deinen Göttern nicht dienen und uns vor dem goldenen Bild, das du aufgestellt hast, nicht niederwerfen werden."

> *Daniel 3, Verse 16b-18*

Diese Männer wussten, dass das Todesurteil über sie beschlossen war – sie blendeten die Realität nicht aus. Aber egal, wie

---

1 Diese Geschichte ist im gleichnamigen biblischen Prophetenbuch Daniel in Kapitel 3 nachzulesen.

dramatisch und böse diese Bedrohung für ihr Leben war: Sie vertrauten darauf, dass ihr Gott sie erretten würde – so oder so. Er *konnte* sie aus dem Feuerofen retten, das stand außer Frage; aber ob es Gottes Wille war, stand auf einem anderen Blatt. Die drei Freunde wurden daraufhin in den Feuerofen geworfen und auf wundersame Weise nicht verletzt. Dabei wird die Erscheinung einer vierten Person im Ofen beschrieben, die als Sohn Gottes bezeichnet wird. Dieser Name ist ein deutlicher Hinweis auf Jesus, den Retter.

Irina sagte später einmal in einer sehr schwierigen Phase, dass sie mit Jesus in diesem Feuerofen stehe. „Egal, wie die Sache mit dem Tumor ausgeht, er kann mich da vollständig herausholen und heilen, aber er wird mich auf jeden Fall retten."

Gibt es heute noch Wunder?

Irina wollte immer mit dem Fahrrad zur Arbeit fahren, und rund drei Monate nach der Operation konnte sie das bereits wieder in die Tat umsetzen. Niemand hätte sie nach so kurzer Zeit im Beruf zurückerwartet. Genauso wenig hätte ihr jemand körperliche Tätigkeiten wie Fahrradfahren zugetraut. Ihre früh wiedererlangte Berufsfähigkeit trotzte allen ärztlichen Prognosen, denn ihr Job ist eine absolute Hirnleistungsarbeit. So lebte sie ihr Leben im Glauben weiter – diese Versorgung kam „von oben" –, und wir erlebten damit täglich unser persönliches Wunder.

Geistlich gesehen befanden wir uns leider weiterhin in dem bereits erwähnten Umfeld und schlugen nach wie vor den vorgelebten spirituellen Weg ein, den wir rückblickend nicht mehr gehen würden. Wir besuchten Seminare, in denen nicht nur spiritueller Unfug betrieben, sondern auch unser Glaube nachhaltig geschädigt wurde. Letztlich wurden wir in „Positives-Denken"-Strategien eingeführt und ließen Geister austreibende Praktiken über uns ergehen.

Die Praktiken wurden meist durch Träume, Visionen oder irgendwelche Gebetseindrücke gerechtfertigt. Durch diese Erklärungen und das persönliche Empfangen der Handlungen wurden sie nachvollziehbar bzw. glaubwürdig für uns, bis wir sie kaum noch hinterfragten – auch wenn manche „Heilungsmethode" eher einer Hypnose gleichkam. Doch diese Menschen behaupteten regelmäßig, dass Gott ihnen all das offenbart hätte und sie ausschließlich im Namen Jesu handeln würden. Alles Mögliche bekam dadurch plötzlich Relevanz, und unsichtbare Dinge erhielten einen Namen und manifestierten sich mehr und mehr in unseren Gedanken und in unserem Glaubensleben.

Leider distanzierten sich die übrigen Kreise, in denen wir verkehrten, nicht von diesen Dingen, sondern führten sogar ähnliche Aktionen durch. Körperliches Leid wurde grundsätzlich mit vergangener Schuld in Verbindung gebracht, sodass auch Dinge wie ungesühnte Schuld verschiedenster Sünden, Ahnenschuld, Generationenflüche, dämonische Belastungen, Geister-Heimsuchung oder Traumdeutung einen großen Raum in unseren Herzen bekamen. Alles in allem führte uns das immer weiter von dem schmalen Weg einer gesunden Christus-Nachfolge weg. In der Situation selbst erkannten wir das allerdings fatalerweise nicht, und so wurden wir mehr und mehr darin bestärkt, an eine Wunderheilung zu glauben. Heute distanzieren wir uns klar davon, aber am 24. Februar 2020 führte uns der eingeschlagene Kurs zu einem Zeugnisgottesdienst.

Uns war es ein großes Anliegen, die Menschen, die uns begleitet hatten – Familie und Freunde –, an dem Weg, den Gott mit uns in der Krankheit ging, teilhaben zu lassen. Deshalb teilte Irina ihre Erlebnisse und die Gründe für ihren Glauben an eine Heilung. Diese Eindrücke waren zutiefst ehrlich und selbst erlebt. Aus heutiger, reflektierter Sicht sehen wir einige Dinge anders, und manchmal wünschen wir uns, wir könnten diesen Part unseres Lebens herausschneiden – quasi eine Zensur betreiben. Zugleich jedoch zeigt uns diese Zeit, dass es viel wichtiger ist, erkannte Fehler ehrlich zu bekennen und einfach die Finger von den oben genannten Praktiken zu lassen. Ein Christ nennt so etwas Buße = Umkehr. Wir sind nun einmal fehlerhafte Menschen und dürfen Gott im Nachhinein für seine gnädige Führung und Bewahrung in all diesen Geschehnissen danken. Auch die Bibel betont explizit – von Abraham und den Vorfahren Israels über die Propheten bis hin zu den Aposteln Paulus, Petrus und Co –, dass keiner der Glaubenshelden fehlerlos blieb, bis auf einen: Jesus Christus. Dieser Zusammenhang zeigt uns, wie wichtig es ist, an ein klares Evangelium der Bibel zu glauben und die Verantwortung zu übernehmen, nach Jesu Christi Vorbild zu leben. Hierbei werden göttliches Eingreifen oder gewisse Wunder keinesfalls ausgeblendet, sondern eher die Perspektive und die konkrete Definition von „Wunder" grundsätzlich überdacht.

Für uns ist das größte Wunder, das Gott immer noch tut, dass er eine gottlose Person aus einer gottlosen Welt herausholt, dass er diesen Menschen heiligt, ihn dann aber wieder zurück in die Welt stellt und heilig erhält – inmitten einer abartigen, korrupten und verdorbenen Generation (frei zitiert nach Leonard Ravenhill). Es geschieht eine Geburt von Neuem – eine Wiedergeburt. *Danach* führt ein Leben mit Gott einen fast ständig zum Staunen über seine Wunder, die wir im Laufe des Jahres 2020 wie folgt erleben durften:

Ende März stand der erste MRT-Termin seit dem Therapieabbruch an. Das Bild zeigte entgegen jeder ärztlichen Vorhersage, dass kein Tumor nachgewachsen war. Auch die Prognose des Strahlenarztes hatte sich nicht bewahrheitet – Gott ist der Arzt! Tiefer Frieden und Freude machten sich damals bei uns breit, und ich muss zugeben, dass ich beim MRT deutlich mehr geschwitzt hatte als Irina.

Die Highlights des restlichen Jahres waren unsere beiden Urlaube: Über Pfingsten besuchten wir unsere quer durch Deutschland verteilten Freunde und Verwandte, und im September verbrachten wir mit Freunden erholsame Tage in Kroatien. Dort wurde auch Irinas 30. Geburtstag nachgefeiert, den sie ja ein Jahr zuvor im Krankenhaus verbracht hatte. Ein weiteres persönliches Highlight war für mich die Teilnahme an einem Spendenmarathon, dem Muskathlon. Unser größtes Geschenk war allerdings Mitte August 2020 ein positiver Schwangerschaftstest – und das trotz vorangegangener Chemotherapie.

Gott tut heute noch Wunder. Wie gesagt: Es ist bloß eine Sache der Perspektive!

Gott rettet und spendet Leben

Anderthalb Jahre waren seit dem Feststellen des Tumors vergangen, als Irina sich im Januar 2021 bereits in der 35. Schwangerschaftswoche befand. Bis zu diesem Zeitpunkt hatte es keinerlei Anzeichen gegeben, dass der Tumor wieder nachgewachsen wäre. Im Gegenteil: Wir hatten ein gutes MRT-Bild und den Arztbrief der Neurochirurgie, welche einen – so wörtlich – „erstaunlichen Befund" attestierte. Doch dann fing Irina an, Wörter zu vergessen, was über das Maß einer „Schwangerschaftsdemenz" hinausging. Sie klagte nun auch wieder vermehrt über Kopfweh. Erst wollten wir es nicht wahrhaben, aber irgendwann gestand Irina es sich ein: „Ich kenne diese Kopfschmerzen – da ist wieder ein Tumor." Wir sprachen mit der Frauenärztin – schließlich war die Schwangerschaft schon weit vorangeschritten. Sie empfahl uns auch sofort, das untersuchen zu lassen, und wir vereinbarten einen Termin beim Neurologen, zu dem es allerdings nicht mehr kommen sollte.

Denn nur wenige Tage später, am 23. Januar 2021, fuhren wir vormittags schnell in die Notaufnahme der Kinderklinik. Irina war es schon die ganze Woche über nicht gut gegangen: Sie hatte sich mehrfach übergeben müssen, und ihre Kopfschmerzen waren immer schlimmer geworden. Die Pfleger nahmen sie sofort auf – ich musste wegen der Coronapandemie draußen warten. Fünf Stunden später holte man mich herein. Irina hatte eine Drainage am Kopf, und man erklärte mir, dass die Ärzte aufgrund einer Hirnblutung schnell hatten handeln müssen und notfallmäßig operiert hatten. Hierbei war ein CT gemacht worden, und man vermutete wieder einen Tumor in der sogenannten Resektionshöhle[2]. Nur der Kinderarzt versprühte etwas Freude und meinte, dass zumindest mit dem Baby definitiv alles in Ordnung sei. Anschließend kam ein Neurologe und erklärte uns die traurige Tatsache, die auf dem CT zu erkennen war: In der Resektionshöhle sei ein ca. drei Zentimeter großer Tumor zu erkennen. Er war nachgewachsen.

Der Kinderarzt und der Neurochirurg erklärten uns nachfolgend die medizinische Lage und den weiteren Ablauf: Irinas Zustand sei kritisch und lebensgefährlich, da ihr Körper zu viele Baustellen aufwies, die sich im schlimmsten Fall gegenseitig behindern würden. Zum einen war da die Kopf-Baustelle mit dem Tumor und der aktuell kontrollierten Hirnblutung, zum anderen die weit vorangeschrittene Schwangerschaft. Daraus ergab sich folgende Problematik: Eigentlich müssten die Ärzte sofort an den Kopf, aber das ginge mit dem ungeborenen Kind im Bauch nur bedingt. Die Hirnblutung aber müssten sie sofort stillen. Innerlich betete ich um Weisheit für die Ärzte, und sie machten trotz der schwierigen Situation und der gebotenen Eile einen sehr professionellen und vor allem ruhigen Eindruck. So hatten sie auch bereits einen Plan: Zunächst würden

---

2 Ein Raum, der an der Stelle entsteht, wo Gewebe operativ entfernt wurde.

sie in einer ersten kleinen Operation die Blutung stillen und Irina auf die Intensivstation verlegen. Der Eingriff wäre nicht ohne Risiko, aber mit Kind im Bauch möglich. Dann müsste das Kind erst einmal kommen, was wegen der akuten Verletzung am Kopf nicht mehr auf natürlichem Wege möglich war. An dieser Stelle schaltete sich der Kinderarzt ein: Es sei kein Problem, zeitnah eine Geburt einzuleiten. Unsere Tochter habe ein wunderbares Gewicht und eine gebärfähige Größe. Sie könnten mit sehr ruhiger Gewissheit einen Kaiserschnitt machen und empfahlen dies auch. Unsere Tochter sei mit 35 Wochen schon weit entwickelt. Der Arzt hatte schon natürliche Geburten erlebt, bei denen die Babys nicht das Gewicht oder die Größe unserer Tochter hatten, sondern deutlich kleiner waren. Mit diesen Informationen versehen bekamen wir eine kurze Beratungszeit, und nachdem wir darüber gebetet hatten, konnten wir dem gesamten Operationsplan zustimmen.

Somit wurde für den übernächsten Tag ein Kaiserschnitt unter Vollnarkose geplant. Bis dahin durfte das Kind keine Anstalten machen, auf die Welt kommen zu wollen, sonst könnte es zu Komplikationen kommen, die keiner haben wollte. Wie auf Knopfdruck strampelte unser Baby und hämmerte gegen den Bauch. Ich legte meine Hand auf Irinas Bauch; wir liebten diese Dreisamkeit. Wir blickten uns an und lächelten. Es kamen Erinnerungen an den ersten Aufenthalt in der Notaufnahme im Jahr 2019 hoch. Da war er wieder: dieser Frieden, der nicht mit Worten zu erklären ist. Unsere Tochter war bereit, und dann würden wir halt früher Eltern werden. Der Arzt war etwas verwundert und fragte mich, was uns so ruhig bleiben ließ. Ich sagte ihm, dass wir an Gott glaubten und ihm vertrauten, dass alles gut gehen würde. Das nahm er so zur Kenntnis und ließ uns wieder allein. Wir beteten und genossen noch ein paar Momente zu dritt. Anschließend wurde ich fortgeschickt, und Irina wurde mal wieder stationär auf der Intensivstation aufgenommen. Der erste Eingriff am Kopf am Abend sollte komplikationsfrei ablaufen.

Nun stand ich mal wieder auf dem Parkplatz des Klinikums am Auto und musste Telefonate führen. Wieder bewirkte die Trennung ein unangenehmes Gedankenkarussell, aber diesmal war es irgendwie heftiger. Neben dem Leben meiner Frau stand auch noch das Leben unserer ungeborenen Tochter auf dem Spiel. Mich überfielen Gedanken wie: *Vielleicht werde ich nun doch nie Vater – zu groß ist die Gefahr, dass unsere Tochter bei der OP verloren geht.* Ich atmete durch und fokussierte mich auf das anstehende Telefonat, denn zuerst musste ich auf der Arbeit Bescheid geben. Ich wählte die Nummer von meinem Dienstgruppenleiter und hoffte, dass er aus irgendeinem Grund nicht drangehen würde, aber er hob ab.

„Andi, ich bin an der Notaufnahme der Kinderklinik." Meine Stimme versagte. Wir kannten uns schon länger; er war schon immer einer meiner Vorgesetzten gewesen, und wir hatten schon einiges miteinander durchgemacht. Ich atmete nochmals durch und schilderte mit etwas zittriger Stimme die Situation. „Ich kann erst mal nicht mehr kommen." Er reagierte betroffen, aber freundschaftlich und professionell zugleich. Cops haben einfach eine spezielle Verbindung untereinander. Ungefragt wissen wir beide, was der andere jetzt braucht, und finden sofort die richtigen Worte. Er sicherte mir jegliche Unterstützung zu und würde mir auf der Arbeit den Rücken freihalten. Ich konnte meine Tränen nicht mehr zurückhalten, bedankte mich bei ihm und legte auf. Diesmal stieg ich nicht sofort ins Auto, sondern atmete erst einmal durch und stapfte durch den angrenzenden kleinen Park. Ich musste zuerst Dampf ablassen, denn ich bemerkte eine gewisse Wut. Ich schimpfte mit mir selbst: *Wie konnte es nur so weit kommen?* Ich suchte nach Sünde: *Wo sind wir Gott gegenüber ungehorsam gewesen?* Solche und ähnliche schlechte Gedanken machten sich breit und kreisten in meinem Kopf. Doch dann erinnerte ich mich wieder an Hiob. *Der Teufel hat Hiobs Gottesfurcht und Treue zu Gott nicht ausstehen können. Deshalb hat er ihn mit allem möglichen Bösen geschlagen, doch Hiob hat treu zu Gott gehalten. Treue. Gott ist treu. Vertraue auf ihn, gib dem Satan keinen Raum!* „Verschwinde, Satan, du Lügner!", schrie ich irgendwann. Ich sammelte Mut und verdrängte die finsteren Gedanken. Ich nahm mir vor, die Situation auszuhalten, und der kurze Wutausbruch hatte gut getan. Ich wischte meine Tränen ab und fasste langsam wieder klarere Gedanken. *Gott hat einen guten Plan, und er macht keine Fehler.* So konnte ich beruhigter ins Auto steigen und nach Hause fahren.

Ich kontaktierte einen Freund – ich wollte beten und reden. Er kam vorbei, wir dankten Gott und beteten; danach feierten wir zusammen Abendmahl. Er entschied, über Nacht bei mir zu bleiben und übernachtete auf der Couch. Eine gute Entscheidung. Manchmal muss ein Freund einfach nur da sein. Am nächsten Tag, dem 24. Januar, kam dann meine Mutter vorbei, um bei mir zu sein, da ich ja nicht ins Krankenhaus durfte. Sie schnitt mir die Haare, da die Friseure wegen Corona seit Monaten geschlossen hatten. Es war wie früher, als ich noch ein Kind war – wie würde das erst mit meinem Kind sein? Wir redeten viel, und es war gut, dass ich nicht allein war. Dann durfte ich mit Irina telefonieren; sie war auf der Intensivstation endlich aufgewacht. Sie erzählte von einem Gespräch mit einem Arzt oder Pfleger, der sie tags zuvor – kurz nachdem ich das Klinikum verlassen hatte – auf die Intensivstation geschoben hatte. Anscheinend kam er mit der Ruhe und Gelassenheit, die meine Frau ausstrahlte, nicht zurecht. Er betonte mehrfach, welch ein unfassbares Glück sie bisher gehabt hatte. Es grenze einfach an ein Wunder, dass sie hochschwanger, mit dieser Vorerkrankung und jetzt auch noch einer Hirnblutung so seelenruhig vor ihm saß. Diese Äußerungen verdeutlichen nochmals, wie haarscharf Irina an der Todesschwelle war und wie sie gleichzeitig durch ihre Hoffnung auf Jesus überhaupt keine Angst vor dem Tod verspürte. Hierzu fällt mir folgende Bibelstelle ein:

> Der Tod ist verschlungen in den Sieg.
> Tod, wo ist dein Sieg?
> Tod, wo ist dein Stachel?
>
> *1. Korinther 15, Verse 54b-55 (Luther)*

Es ist einfach gut, zu wissen, dass unser Herr Jesus Christus den Tod besiegt hat, indem er von den Toten auferstanden ist! So kann man durch den Glauben von der Auferstehungskraft zehren und hat selbst in höchster Bedrängnis keine Angst vor dem Tod. Für uns war diese Wahrheit bislang nur Theorie gewesen, aber jetzt erfuhren wir sie am eigenen Leib. Irina blickte auf Jesus, das ewige Leben, und hielt aus voller Hoffnung daran fest. Dieser Überwinderglaube: Er schien in ihren Knochen zu sein!

Wir besprachen, was ich ihr alles ins Klinikum mitbringen sollte, denn wir stellten uns darauf ein, dass die Coronaregeln vieles verkomplizieren würden. Am 25. Januar 2021 kam dann unsere Tochter auf die Welt: Naomi. Doch trotz der Freude über das neue Leben ging es gleich weiter ans Eingemachte: Es erfolgte die schwierige Operation am Kopf. Dann gab es das erste Mal schlechte Nachrichten: Die Chirurgen konnten den Tumor nicht ganz entfernen. Es folgte eine zweite Operation mit viel mehr Risiko, und diesmal sollte der massive Eingriff Spuren hinterlassen. Als Irina aufwachte, konnte sie nicht mehr sprechen.

Die Ewigkeitsperspektive

Dieser Moment, wenn du in tiefer Not steckst und keinen Ausweg mehr siehst. Wie ein Schatten, der vor dir liegt und immer finsterer wird. Du fängst langsam an, zu begreifen, dass du den entstandenen Schatten nur siehst, weil du dich von der Lichtquelle abgewandt hast. Da überkommt dich Furcht, und du erkennst den dringend nötigen Perspektivwechsel: weg von der Finsternis, hin zum Licht.

> Gott ist Licht, und in ihm ist keine Finsternis.
>
> *1. Johannes 1, Vers 5 (Luther)*

Sich zu Gott, dem Licht, zu wenden, bedeutet, sich von dem Bösen, der Finsternis, abzuwenden. Manchmal nutzt Gott Mittel und Wege, um uns zu sich zu ziehen, wobei wir sein Eingreifen nicht immer in voller Tiefe verstehen können. Aber eines ist sicher: Die Hand Gottes ist gnädig und barmherzig, und sein Eingreifen kommt immer zur rechten Zeit. Für uns persönlich bedeutete das damals, dass wir uns radikal von der Heilungsbewegung und von Befreiungsdiensten abwandten. Daraus resultierte auch der Austritt aus unserer ersten Gemeinde, was uns ganz und gar nicht leichtfiel. Aber manchmal gibt es Situationen oder Zustände in einer Gemeinde, die unumgänglich zu einem Austritt führen. An diesem Punkt waren wir.

> Die Furcht des HERRN bedeutet, das Böse zu hassen.
>
> *Sprüche 8, Vers 13a*

Ab dem folgenden Kapitel werde ich viel über Leid, Krankheit, Tod und Leben berichten, wodurch ich die Perspektive vor allen Dingen auf das Leben nach dem Tod richten will: die Ewigkeit, die Gott jedem Menschen ins Herz gelegt hat.

> Gott hat alles vortrefflich gemacht zu seiner Zeit,
> auch die Ewigkeit hat er ihnen ins Herz gelegt –
> nur dass der Mensch das Werk, das Gott getan hat,
> nicht von Anfang bis zu Ende ergründen kann.
>
> *Prediger 3, Vers 11*

Der Bibelvers beschreibt das, womit wir persönlich beinahe täglich konfrontiert wurden. Er beschreibt einen Prozess, durch den sich die Last der schweren Erkrankung meiner Frau zur Freude am Leben im Leid entwickelt hat. Freude, die nicht von dieser Welt, sondern eine Seligpreisung Gottes ist. Das Vertrauen auf Gott erfordert ein standhaftes Beharren auf seiner Gnade.

> Siehe, wir preisen die glückselig, welche standhaft ausharren!
>
> *Jakobus 5, Vers 11a*

Leiderfahrungen wie die unsere sind eine Glaubensprüfung auf Leben und Tod, die den Leser einladen soll, sich am Ende die Frage zu stellen:

Wo werde ich die Ewigkeit verbringen?

> Siehe, das Auge des HERRN achtet auf die,
> welche ihn fürchten, die auf seine Gnade
> harren, damit er ihre Seele vom Tod errette.
>
> *Psalm 33, Verse 18-19a*

Die Umkehr

Mehrere Wochen befand ich mich mit unserer Tochter Naomi auf der Neugeborenenstation der Kinderklinik. Sie war offiziell ein Frühchen und brauchte noch etwas Unterstützung bei der Atmung. Dazu kamen die Umstände mit Irina, die im angrenzenden Gebäude des Uniklinikums weiterhin auf der Intensivstation lag. Die vielen schwierigen Operationen, die verschiedenen Stationen, Corona, Mutter-Kind-Bindung, Stillen – all das musste berücksichtigt werden. Niemand ist auf so eine Ausnahmesituation vorbereitet, und so waren wir sehr dankbar für die Weitsicht der Klinikmitarbeiter. Ob Ärzte, Hebammen, Stillberaterinnen oder allgemein Pflegerinnen: Wir bekamen von allen Seiten die volle Unterstützung. So konnte Irina sogar eine lange Zeit stillen und Milch abpumpen, was ihr sehr wichtig war. Zugleich war es ein ungeheurer Kraftakt.

Wir waren beide schlagartig einer ziemlichen Belastung ausgesetzt, und so nutzte ich die Zeit auf der Neugeborenenstation, um über vieles nachzudenken. Wir hatten im Glauben Wege eingeschlagen, die uns zu nichts geführt hatten. Wo war nun das Heilungswunder?

„Du musst nur genug glauben!" – „Krankheit kommt nicht von Gott!" – „Im Namen von Jesus bist du geheilt!" – „Ich habe von Gott gesehen, dass ihr ein weiteres Kind haben werdet ..."

Diese Äußerungen hatte ich nicht vergessen, doch spürte ich in mir nur eine tiefe Leere. Die zweifelhaften Praktiken und Darlegungen der Menschen, die uns begleitet hatten, ergaben plötzlich keinen Sinn mehr. Hätten diese Menschen mit ihren angeblichen Heilungs- und Prophezeiungsgaben diese Situation nicht voraussehen und verhindern müssen? Jetzt erschienen sie mir nur noch als „Wolken ohne Wasser" (Judas 12).

Ich fing an, alles zu prüfen und zu hinterfragen – nüchtern und mit klarem Verstand. Hierzu betete ich viel und las ständig in meiner Bibel. Mehr und mehr erhärtete sich der Verdacht, dass wir auf gewisse Irrlehren hereingefallen waren. Es wurde immer deutlicher, dass wir uns auf die absurdesten Praktiken von Befreiungsdiensten und der sogenannten Heilungsbewegung eingelassen hatten. Eine giftige, von Menschen eingesetzte Saat, der wir fast blind vertraut hatten. Sie zeigte nun ihr wahres Gesicht: unheiliges und nichtiges Geschwätz. In unserem Zusammenhang fand ich es bezeichnend, dass die Bibel irrlehrende Worte mit einem Krebsgeschwür gleichsetzt:

Die unheiligen, nichtigen Schwätzereien aber meide; denn sie fördern nur noch mehr die Gottlosigkeit, und ihr Wort frisst um sich wie ein Krebsgeschwür.

2. Timotheus 2, Verse 16-17a

Wo ist eigentlich unsere erste Liebe zu Jesus hingekommen? Wie konnten wir nur so von ihr abweichen? Nie haben wir an solche schwärmerischen Strömungen geglaubt, und auf einmal sind wir mittendrin. Ich fühlte einen inneren Zerbruch. Ich war erschüttert über unseren geistlichen Zustand und die unheiligen Strukturen, in denen wir uns befanden. Es fühlte sich so an, als wären wir nirgends mehr sicher, und meine einzige Sehnsucht war nur noch Frieden mit Gott.

Eines Nachts berührte Jesus mich tief in meinem Herzen und führte mich barmherzig in die Buße. Ich erkannte unseren eigenen Ungehorsam Gott gegenüber, und sein „Hirtenstab" führte mich zu einem befreienden Herzensentschluss: *Kehr um!* Wir brauchten einen Neustart, und dazu würden wir uns ganz klar und radikal von falschen Einflüssen abwenden. So kam es nach einigen Gesprächen mit dem Pastor der ersten Gemeinde zum Gemeindeaustritt, und wir beendeten die Beziehungen mit Heilungs- und Befreiungsdiensten. Dies sollte die beste und segensreichste Entscheidung seit Langem sein.

> „Weil die Elenden unterdrückt werden und die Armen seufzen, so will ich mich nun aufmachen", spricht der HERR; „ich will den ins Heil versetzen, der sich danach sehnt!"
>
> *Psalm 12, Vers 6*

Mein Joch ist sanft ...

Kommt her zu mir, alle ihr Mühseligen und Beladenen!
Und ich werde euch Ruhe geben.

Matthäus 11, Vers 28

Der Herr Jesus ruft alle Menschen zu sich, egal, wie mühselig oder beladen sie sind. Es heißt nicht: *„Geht!"* oder *„macht!"*, sondern: *„Kommt!"* Und zwar nicht zu den Heilern, Traumdeutern oder Befreiern – nein, sondern *„zu mir".* Im persönlichen Vertrauen dürfen wir zu Jesus kommen, und er verheißt uns Ruhe als seine Gabe:

„Zu ihm kommen ist der erste Schritt, und er fordert uns auf, ihn zu tun. In ihm, als dem großen Opfer für die Sünde, erlangen Gewissen, Herz und Verstand völlige Ruhe."[3]

Wenn wir die Ruhe erlangt haben, die er gibt, sind wir bereit, Belastung auf uns zu nehmen und zu ertragen. So konnten

---

3 Charles H. Spurgeon: *Das Evangelium des Reiches. Ein Matthäus-Kommentar als Andachtsbuch.* Oerlingshausen: Betanien 2015; S. 163.

auch Irina und ich in der Umkehr, der Annahme des Leids und der neuen Perspektive auf die Ewigkeit der auf uns zukommenden Last besser standhalten. Natürlich verschwanden dadurch die realen Belastungen nicht einfach. Aber es ist ein enormer Unterschied, ob du Ruhe hast oder unruhig bist. Ruhe führt zu Frieden, Unruhe führt zu Ängsten. Unsere Sorgen lösten sich nicht einfach in Luft auf. Doch machte es auch hier einen großen Unterschied, ob der Umgang mit Sorgen in Frieden oder in Angst geschieht! Friede stärkt dich, und Sorgen werden zu Herausforderungen; Angst hemmt dich und bringt dich zum Verzweifeln – bis die Sorgen dich irgendwann auffressen. Im schlimmsten Fall erkennst du nicht einmal mehr, dass du Hilfe brauchst. Dann rauschst du – vielleicht auch aus Selbstüberschätzung – durch blinden Aktivismus und aus eigener Kraft ziemlich sicher in einen Burn-out. Deshalb sage ich über diese Zeit auch immer: Ohne Jesus hätte ich längst den Boden unter den Füßen verloren und wäre in ein tiefes schwarzes Loch gefallen. Aber im Frieden mit Jesus bekamen wir eine Versorgung, die mit menschlicher Kraft nicht ansatzweise zu vergleichen ist. Es war wieder neu ein Leben aus Glauben.

> Der Gerechte aber wird durch seinen Glauben leben.
>
> *Habakuk 2, Vers 4*

Ich bin ein Mann, der sehr von sich selbst überzeugt ist und möglichst alles aus eigener Kraft schaffen und unter Kontrolle haben möchte. Das sind eigentlich auch gute Eigenschaften. Doch unsere Situation zeigte mir auf, wie wenig ich *tatsächlich* unter Kontrolle hatte, wie *begrenzt* meine Kräfte waren, und vor allem, wie unfassbar *unnötig* und überhaupt nicht hilfreich jegliche Form der Selbstüberzeugung war. Ich musste also erst einmal *lernen*, mich nicht auf mich selbst und meine Stärken zu verlassen. Für mich kam das einem Kontrollverlust gleich – und das in einer Situation, die bereits außer Kontrolle zu geraten drohte. Doch dann las ich diesen Vers:

> Nehmt auf euch mein Joch und lernt von mir, denn ich bin sanftmütig und von Herzen demütig; so werdet ihr Ruhe finden für eure Seelen! Denn mein Joch ist sanft und meine Last ist leicht.
>
> *Matthäus 11, Verse 29-30*

*Nehmt auf euch **mein** Joch.* Zunächst klang das völlig paradox: *Wie soll ich denn jetzt noch ein Joch, noch eine zusätzliche Last, auf mich nehmen?* Beim weiteren Nachdenken drang jedoch die Wahrheit dieses Wortes tief in mich ein. Das Joch, das Jesus getragen hatte, war das Kreuz, an welches er genagelt worden war, um für die Sünde der Welt zu sterben. Dieses Joch konnte kein anderer Mensch außer dem sündlosen Jesus selbst tragen. Das war in diesem Vers also nicht gemeint. Aber um diese schwere Last tragen zu können, musste sich Jesus zu 100 % auf seinen Vater verlassen und ihm vertrauen. Dieser Punkt lässt sich auch auf mich übertragen. Jesus fordert mich also auf, ebenfalls vollkommen auf Gott, den Vater, zu vertrauen – was das Sterben meines eigenen Ichs (meines sündhaften Egos) voraussetzt.

Diese Erkenntnis bewirkte in mir plötzlich eine tiefe Erleichterung – Ruhe für meine Seele. Denn Jesus zeigte mir in diesem Moment auf, wie wenig ich ohne seine Hilfe eigentlich schaffen kann und wie heilsam das Vertrauen auf Gott, den Vater, ist. Diese Offenbarung war auch dringend notwendig, da ich mich sonst nur auf mich selbst verlassen hätte. So aber

> So demütigt euch nun unter die gewaltige Hand Gottes, damit er euch erhöhe zu seiner Zeit! Alle eure Sorge werft auf ihn; denn er sorgt für euch.
>
> *1. Petrus 5, Verse 6-7*

konnte ich mich demütigen, all meine ungesunde Selbstüberzeugung über Bord und alle meine Sorgen auf ihn werfen.

Durch unser neues Vertrauen schenkte Gott uns viel Segen und löste gleich ein paar Sorgen auf. So durften wir beispielsweise zeitnah ein wunderbares neues geistliches Zuhause finden. Wir erinnerten uns an ein Pärchen von früher, das damals unabhängig von uns, aber relativ zeitgleich, zum Glauben gekommen und zunächst auch in unserer alten Gemeinde gewesen war. Beide hatten schon vor uns aus ähnlichen Gründen wie wir die Gemeinde verlassen, und jetzt führte Gott uns wieder zusammen. Wir waren überglücklich, denn wir hatten eine große Sehnsucht nach einer bibeltreuen Gemeinde, und dieser Wunsch wurde hier endlich erfüllt.

„Es gibt nur zwei Dinge, die deinen Glauben nähren und stärken, und das sind Gottes Wort und ein gehorsames Herz."[4]

Durch die Liebe zu Gottes Wort konnten unsere geschundenen Herzen im Glauben wieder gefestigt und gestärkt werden. Das war auch sehr wichtig, denn unsere Kraft ist sehr begrenzt. Aber Jesu Kraft kann alles, und durch die bibeltreue Gemeinde waren wir nun wieder an der Quelle.

> Alle Schrift ist von Gott eingegeben und nützlich ..., damit der Mensch Gottes ganz zubereitet sei, zu jedem guten Werk völlig ausgerüstet.
>
> *2. Timotheus 3, Verse 16a+17*

---

4 Benedikt Peters: *Ende einer Illusion am Fuß des Himalaja.* In: Wolfgang Bühne (Hg.): *Frei und doch gefesselt.* Bielefeld: Christliche Literatur-Verbreitung 2022; S. 21.

Jesus machte uns wieder stark, und das zeigte sich folgendermaßen: Entgegen jedem fürsorglich gemeinten Ratschlag von Ärzten und Hebammen stillte Irina über sechs Wochen. Das betraf auch die Zeit im Krankenhaus, zwischen den Operationen und Vollnarkosen. Gott stellte uns hierfür eine wunderbare Hebamme zur Verfügung, die bereit war, die ganzen Strapazen auf sich zu nehmen – sie strich sogar ihren Urlaub.

In der nachfolgenden Zeit lösten sich weitere Sorgen auf. So kamen wir in der neuen Gemeinde in Kontakt mit einer liebevollen Schwester, die beruflich Logopädin war: Christa. Sie war in jeglicher Hinsicht ein absoluter Segen. Durch viele fürsorgliche Therapiestunden fand Irina immer mehr zu ihrer Sprache zurück. Gleichzeitig traf sie in der Glaubensschwester auf eine treue Seelsorgerin und Fürbitterin, wodurch Irina gleich alte Wunden mit bewältigen konnte. Auf diese Weise wurde Christa eine echte Freundin.

Des Weiteren gaben uns unsere beiden Arbeitgeber einen überaus toleranten Spielraum für die zukünftige Versorgung und nahmen so enorm viel Druck raus. Gleichzeitig zeigten unsere Arbeitskollegen eine unfassbare Hilfsbereitschaft, und die Selbstlosigkeit meiner Schicht übermannte mich völlig. Denn als noch in der Schwebe stand, wie und ob Anträge für Elternzeit und so weiter genehmigt werden würden, fassten sie folgenden Entschluss: Jeder Einzelne würde auf seinen Jahresurlaub und geleistete Mehrarbeitsstunden verzichten, damit man sie mir gutschreiben könnte. Ich war baff, und als ich das hörte, kamen mir die Tränen. Aber so weit musste es dann doch nicht kommen. Denn die Behörden machten auf wundersame Weise viele Ausnahmen bei den Genehmigungen für Elternzeit- oder Elterngeldanträge und ignorierten teilweise versäumte Fristen. Obwohl wir wegen einer Haushaltshilfe Schwierigkeiten mit der Krankenkasse bekamen, taten sich Hilfen auf, die über das

normale Maß hinausgingen. So stellte die Koordinierungs-
stelle für Kinder (KoKi) „Frühe Hilfen" der Stadt Augsburg die
Finanzierung für die dringend benötigte Haushaltshilfe über
zwölf Monate – üblich sind zwei bis drei Monate. Neben diesen
Unterstützern halfen natürlich viele Freunde und die Familie,
ganz besonders unsere beiden Mütter.

So konnten wir, insbesondere Irina selbst, dankbar durch
eine sechswöchige Strahlen- und Chemotherapie gehen. Natürlich gab es auch wieder sehr viele Tränen. Wir waren sehr
oft am Boden und wussten nicht mehr weiter. Aber ohne den
Glauben, ohne die Kraft des Herrn, ohne seine Versorgung
mittels der ganzen Unterstützung, ohne das Gebet, ohne die
Heilsgewissheit und ohne die Perspektive Ewigkeit – kurzum:
ohne Jesus – wären wir völlig verloren gewesen.

Dabei hat uns vor allem ein Vers gelehrt und uns geholfen,
jeden Tag in Dankbarkeit zu verbringen:

> Darum sollt ihr euch nicht sorgen um
> den morgigen Tag; denn der morgige
> Tag wird für das Seine sorgen.
> Jedem Tag genügt seine eigene Plage.
>
> *Matthäus 6, Vers 34*

Mithilfe dieses Verses konzentrierten wir uns darauf, uns völlig zentral, nur im Hier und Jetzt, zu bewegen. Das war unfassbar befreiend und hilfreich. Es war aber auch notwendig,
denn mittlerweile bekamen wir das Ergebnis der Laboruntersuchung mitgeteilt. Der bereits bösartige Tumor war leider
mutiert, und zwar zu einem Glioblastom WHO Grad IV – der
schlimmsten Form von Krebs, die man bei Gehirntumoren
haben kann. Neben einer geringen Lebenserwartung – je nach

Verlauf sprach man von wenigen Wochen, Monaten oder vielleicht ein bis zwei Jahren – taten die massiven Eingriffe und Therapien ihr Übriges: Irinas Haare fielen aus, und ihr Körper war völlig geschunden und schwach. Ihr Immunsystem fuhr immer weiter herunter, und eine neue Katastrophe bahnte sich an. Doch...

> ... meine Last ist leicht!
>
> *Matthäus 11, Vers 30b*

Annahme des Leids

Knapp vier Monate waren seit der Geburt Naomis und der Zeit im Krankenhaus vergangen. Ich möchte diese Zeit nach der Entlassung kurz zusammenfassen. Die letzten beiden Eingriffe am Kopf hatten bei Irina einen Schaden hinterlassen, der uns alle schockierte: Sie konnte nicht mehr richtig sprechen. Aus ihrem Mund kamen ein, zwei Worte, und dann wurde es still. Verzweifelte Blicke, die Augen wurden feucht, Hilflosigkeit. Wir erinnerten uns an das Pärchen von damals aus dem Aufenthaltsraum. Wie würde es jetzt weitergehen? Die Chirurgen erklärten, dass aufgrund der massiven Eingriffe eine Störung verursacht worden sei. Das Sprachzentrum aber sei nicht beschädigt worden, da es in einem anderen Bereich des Gehirns angesiedelt sei. So versicherte man uns, dass die Sprachschwierigkeiten nicht so bleiben würden, es sich aber zeigen werde, wie gut die Sprache zurückkomme. Hierfür brauchte Irina viel Ruhe und Training durch Logopädie. Zeitgleich wurden erneut Strahlenbehandlung und Chemotherapie empfohlen. Wie sollten wir angesichts dieser täglichen Termine und Behandlungen für Irina Ruhe reinbekommen, noch dazu mit Naomi? Außerdem stand wieder eine Laboruntersuchung des Tumorgewebes an, da man wissen wollte, ob es zu bösartigen Mutationen gekommen war. Es herrschte eine völlige Ungewissheit, und auf einmal entstand ein enormer psychischer Druck. Die ärztlichen Ratschläge und medizinisch verordneten Therapien standen dem Kindeswohl von Naomi und der Vereinbarkeit mit dem normalen Familienleben teilweise völlig entgegen. Ich erinnere mich, wie der leitende Arzt mich zur Seite nahm und mir einschärfte:

„Überzeugen Sie Ihre Frau, dass sie die Chemotherapie dieses Mal durchzieht, sonst wird sie die Einschulung Ihrer Tochter nicht mehr erleben!"

Entspann dich, sagte ich mir damals, *er hat keine Ahnung, wer Gott ist.* Was für ein massiver Druck! Denn mit diesen Worten und Anweisungen wurden wir entlassen, und plötzlich waren wir auf uns allein gestellt. Wie sollten wir das zu Hause schaffen mit einem Neugeborenen? Naomi brauchte eigentlich Muttermilch, und Irina wollte auch zumindest bis zum Beginn der Chemotherapie stillen. Aber von der ersten OP an rieten ihr die Ärzte davon ab: zu viel Stress. Irina brauchte Ruhe in allen Bereichen. Der Kontrast: Naomi brauchte zur selben Zeit eine funktionierende Mutter. Irina war bereit, für ihre Tochter alles zu geben, doch die Ärzte verwiesen stets auf die verordneten Therapien, welche gar keine Heilung versprachen und genauso Stress verursachten. Die Situation war verzwickt, und wir merkten immer mehr, dass selbst die Ärzte mit dieser Situation überfordert waren. Kein Mensch konnte die richtige oder passende Lebensberatung liefern – auch keiner der zahlreichen „Experten", von denen wir umringt waren: Mediziner,

Pfleger, Hebammen, sozial-pädagogisch geschultes Personal, Therapeuten usw. All diese Menschen hatten keine Antwort auf die Frage: *Wie machen wir das?*

Wie stemmen wir Finanzen, Arbeitsplatz, Haushalt oder die allgemeine Versorgung? Wie kommunizieren und interagieren wir angesichts der Sprachschwierigkeit miteinander? Wie manage ich für uns beide die Bürokratie mit Rechtsverhältnissen, Anträgen oder Vollmachten? Und diese Dinge waren erst der Anfang, denn: *Wie soll es weitergehen, wenn wieder ein Tumor nachwächst und sich der Gesundheitszustand von Irina verschlechtert? Was ist, wenn mir das zu viel wird oder ich mal ausfalle?* Wir haben in Deutschland eines der besten Sozial- und Gesundheitssysteme der Welt – und dennoch ist es kein Selbstläufer.

Wir erinnerten uns aufs Neue an Hiob. Nach seinen ganzen Verlusten wurde auch er todkrank. Plötzlich kamen Menschen zu ihm, die ihm Ratschläge gaben, wie er sich in dieser Situation verhalten sollte oder könnte. Wenn man das Buch Hiob schnell liest, möchte man meinen: Die hatten ja recht! Und man könnte denken, dass Hiobs Reaktionen teilweise sehr emotional wären. Aber genau das Gegenteil ist der Fall. Die Ratschläge waren häufig nur „gut gemeint" und sollten Hiob seinen Weg erleichtern. Letzten Endes hatte auch hier keiner die richtige Lösung für Hiob parat, und er erstickte beinahe unter dem enormen Druck. Doch dann kam seine in meinen Augen beeindruckende Reaktion:

> Wenn wir das Gute von Gott annehmen, sollten wir da das Böse nicht auch annehmen?
>
> *Hiob 2, Vers 10b*

Hiob hörte sich die Ratschläge aufmerksam an; er klagte, flehte und war durchaus auch verzweifelt, aber er machte von Anfang an vor allem eines: Er nahm das Leid an! Er versuchte nicht erst, alle Ratschläge umzusetzen, sondern erduldete die Krankheit mit allen Schwierigkeiten, vertraute weiter auf Gott und wurde von ihm hindurchgeführt. Seine Standhaftigkeit und sein Ausharren führten letztlich zu einem enormen Segen, und Gott bescherte ihm am Ende alles doppelt wieder.

> Von Hiobs standhaftem Ausharren habt ihr gehört, und ihr habt das Ende gesehen, das der Herr für ihn bereitet hat; denn der Herr ist voll Mitleid und Erbarmen.
>
> *Jakobus 5, Vers 11b*

Das ist nicht „Augen zu und durch!". Es ist auch kein Unglaube oder naives und passives Annehmen von Leid, wie in gewissen Heilungskreisen behauptet wird. Nein, es ist nur nicht leicht – und das ist der Clou, den die heutige Heilungsbewegung in meinen Augen nicht verstanden hat. Diese erzählt immer von einer Gesundheitsgarantie und einem Leben im Überfluss – klammert jedoch Leid, Standhaftigkeit oder Ausharren völlig aus. Jeder Gläubige muss demnach gesund sein, ansonsten stimmt etwas mit seiner Beziehung zu Gott nicht. Genau da ist der Haken: Anstatt dass Heiler darüber nachdenken, ob bei ihnen etwas nicht stimmt – vor allem, wenn Gläubige durch ihre Praktiken gar nicht geheilt werden –, liegt ihrer Meinung nach der Fehler immer beim Kranken. Solche Menschen vermitteln ein völlig falsches und groteskes Gottesbild, und dieser fatale Irrsinn war es, der vor allem Irinas Herz nachhaltig geschädigt hat.

Gott sei Dank durften wir erkennen, dass Gott auch im Leiden voller Mitleid und Erbarmen ist! Es war und ist nicht einfach, aber wie Hiob verstanden wir, dass Irina nicht an der Krankheit sterben würde, sondern nur dann, wenn es Gottes Wille ist. Das ist ein sehr wichtiger Aspekt in der Annahme des Leids. Gott schafft den Ausgang, und nichts geschieht ohne seine Kenntnis oder außerhalb seiner Kontrolle. Die Perspektive über den Ausgang des Leids wechselt nun weg von deinem natürlichen Streben nach Gesundheit und Heilung hin zu Standhaftigkeit und Ausharren. Gott kann immer eine übernatürliche und wundersame Heilung schenken – das steht völlig außer Frage, und daran glaubten wir auch. Aber unabhängig davon, wie, wann oder ob überhaupt Gott das tut, haben wir in Jesus Christus bereits die beste Versprechung generell: ewiges Leben.

> Wer den Sohn hat, der hat das Leben; wer den Sohn Gottes nicht hat, der hat das Leben nicht. Dies habe ich euch geschrieben, die ihr glaubt an den Namen des Sohnes Gottes, damit ihr wisst, dass ihr ewiges Leben habt.
>
> *1. Johannes 5, Verse 12-13a*

Der Glaube an Jesus Christus rettet dich ewiglich, und dieses Heil steht über allem, auch über einer wundersamen Krankenheilung. Das ist die Ewigkeitsperspektive. Ob du morgen von einem Auto überfahren wirst oder an einer Krankheit stirbst:

Wer an Jesus glaubt, hat ewiges Leben!

Epilepsie

Schon gegen Ende der Therapien tat Irina kund, dass sie gern noch einmal in ihre Heimat reisen wollte. Trotz ihrer Sprachstörung vermittelte sie mir einen Wunsch, an dem ich selbst sehr zu knabbern hatte: Sie wollte Abschied nehmen. Sie merkte innerlich, dass sie vielleicht bald nicht mehr fähig sein würde, ihre Freunde zu sehen. Das schmerzte sie sehr, vor allem, da ihre Freundinnen sie so gern endlich mal als Mama mit Naomi wiedersehen wollten. Ich sagte ihr, dass ich ihr alle Wünsche erfüllen würde; allerdings verdrängte ich den Gedanken an das Abschiednehmen. Doch dann, als ich ihr wie so oft beim Schreiben einer Nachricht auf dem Handy half, las ich etwas, was mich kurz schockierte. Sie versuchte, einer Freundin zu sagen, dass sie bald sterben werde. Sie sah mich traurig an, und wir versuchten, darüber zu reden – aber die Wortfindungsschwierigkeiten ließen ein tieferes Gespräch nicht zu. Diese Barriere der Wortfindungsschwierigkeiten zu meistern war für uns eine der größten Belastungen und Herausforderungen. So oft tappten wir im Dunkeln und konnten uns nicht richtig verständigen. Das schmerzte sehr.

Wir einigten uns darauf, dass wir über die Messenger nur in einem Gruppenchat vom Abschiednehmen reden wollten, ansonsten wollten wir mit den für Irina wichtigen Menschen persönlich darüber sprechen. Dabei sicherte ich ihr meine Hilfe für die Gespräche zu; denn trotz der Schwierigkeiten hatten wir bereits viel dazugelernt, um verständlicher miteinander zu kommunizieren. Somit konnte ich ihr als Sprachrohr dienen. Wir machten also einen Kurzurlaub in Irinas Heimat und trafen uns mit ihren Freunden und ihrer Familie. Diese Zeit und die Gespräche waren wirklich intensiv und sehr schön. Der Urlaub kostete Irina körperlich alle Kräfte, aber er war ihr wirklich enorm wichtig, und so fuhren wir nach einer Woche sehr dankbar wieder nach Hause. Doch mitten in diese Freude hinein kam der nächste Rückschlag.

Es war der 15. Mai 2021, ein Samstagabend. Wir machten es uns auf der Couch gemütlich, denn Naomi war bereits eingeschlafen. Wir wollten zusammen Bibel lesen. Irina konnte nämlich endlich wieder besser lesen, und so half ihr das Lesen der Bibel in doppelter Hinsicht. Bevor wir starteten, ging Irina noch mal auf die Toilette – doch sie sollte nicht wiederkommen. Stattdessen hörte ich das dumpfe Geräusch eines Aufpralls, das mich aus meinen Gedanken rüttelte.

Was war das? Oh nein, sie ist gestürzt! Reflexartig sprang ich von der Couch auf und schrie laut nach ihr. Die Toilettentür war nur wenige Meter entfernt, doch es kam keine Reaktion. Ich kam an der Tür an und hörte sie stöhnen. Schnell versuchte ich, die Tür der nur wenige Quadratmeter großen Toilette zu öffnen, aber sie ging nur nach innen auf, und sofort bemerkte ich einen Widerstand. Irina lag der Länge nach am Boden und blockierte somit die Tür. Doch ich musste da rein, es half nichts! Also drückte ich vorsichtig, nicht ruckartig, aber kräftig. Während ich die Tür so immer weiter öffnete, floss mir unter dem Türspalt durch Blut entgegen, und ich hörte, wie sie lauter röchelte. *Oh Mann, schneller, du musst da jetzt rein!* Ich quetschte mich durch den Spalt – *endlich drin!*

Irinas Körper zitterte, und sie lag auf dem Bauch, mit dem Gesicht in einer immer größer werdenden Blutlache. Ihr ganzer Körper krampfte, und ich hörte immer wieder kurze, röchelnde Atemzüge. *Meine Medic-Ausbildung! Was muss ich tun? Sie muss frei atmen, sonst erstickt sie in ihrer eigenen Blutlache! Sie muss in eine stabile Lage, also drehen* – doch der enge Raum behinderte extrem! *Okay, sie muss hier irgendwie raus, und ich muss aufpassen, dass ich ihr in der Hektik nicht irgendwo drauftrete.* Ein erster Versuch, sie zu drehen und aufzurichten, damit ich die Tür aufbekam, schlug fehl. Ihr Körper krampfte zu sehr; die Gefahr war zu hoch, dass sie mir aus den Händen glitt und erneut auf dem Boden aufschlug. Immerhin konnte ich sie drehen und hielt sie fest. Ich sprach sie mehrfach an und hob dabei ihr Gesicht, damit sie sich nicht an ihrem eigenen Blut verschluckte.

Dann sah ich in ihre Augen: Sie starrte mit leerem und krampfhaftem Blick ins Nichts. Ein tiefer innerlicher Schmerz traf mich – *wo ist der vertraute Blick meiner Frau? Reiß dich zusammen, du musst jetzt funktionieren!* Ich brauchte Hilfe. *Wo ist mein Handy?* Mit einem Arm hielt ich ihren Kopf, mit dem anderen suchte ich mein Handy – es lag auf der Couch. *Mist! Ah, wo ist ihr Handy? Da!* Ich fand es unter der Toilette, am Boden. Ich wählte den Notruf; es tutete. Die Zeit kam mir grausam lange vor, und angespannt presste ich leise die Worte an Irina heraus: „Halte durch, bitte, halte durch!" Während ich wartete, fragte ich mich: *Wo kommt eigentlich das viele Blut her?* Ich tastete den Kopf ab, doch ich fühlte keine Austrittswunde. Dafür sah ich einen völlig blutverschmierten Mund- und Nasenbereich. Ich rekonstruierte: So, wie sie lag, musste sie von der Toilettenschüssel frontal mit dem Gesicht gegen die Tür geknallt sein. Wahrscheinlich hatte sie sich die Nase gebrochen, oder die Lippen waren aufgeplatzt. Das klang logisch, *aber kommt das Blut tatsächlich nur vom Aufprall? Was ist, wenn sie wieder eine Hirnblutung hat?*

Meine Gedanken wurden unterbrochen, die Einsatzstelle meldete sich. In diesem Moment half mir mein Beruf enorm, ich sagte sofort die wichtigen Schlagworte. Das Telefonat dauerte keine 20 Sekunden. *Innenstadt, Abend, Wochenende – hoffentlich sind die Retter gerade frei!* Das Krampfen ließ nach, und Irina kam etwas zu sich. Ich sprach sie an, ihr Blick wurde wieder etwas klarer; sie sah panisch aus. Ihre Augen sagten deutlich: *Was ist hier los?* Endlich konnte ich sie aufrichten, die Tür öffnen und sie aus der Toilette ziehen. Manchmal wehrte sie sich oder krampfte wieder. Bisher hatte ich von solchen Reaktionen nur in Erste-Hilfe-Kursen in unserem Polizeitraining gehört. Es blieb mir nichts anderes übrig, als diese Krämpfe auszusitzen, bis die Retter eintrafen. Also legte ich Irina so gut es ging der Länge nach ab und nahm ihren Kopf auf den Schoß.

Jetzt trat eine kurze Wartezeit ein, die ich wieder als sehr grausam empfand. Gedanken überfielen mich: *Sie stirbt! Nein, halte durch!* Ich flehte zu Gott: *Jesus, bitte, bitte, bitte.* Tränen schossen mir in die Augen; ich weinte bitterlich. Sie röchelte, und ihre Krämpfe ließen wieder nach. Sie sah mich fragend und verstört an. *Dieser Blick voller Hilflosigkeit!* Ich wischte mir die Tränen ab und versuchte, sie anzusprechen. Doch sie konnte nicht reden. Auf einmal blitzten ihre Augen auf, und diesen Blick kannte ich! Ganz tiefe Vertrautheit blickte mich an, und auf einmal fing sie an zu lächeln. Sie wollte mir sagen: *Mach dir keine Sorgen, weine nicht.* Das spürte ich genau und ganz tief in meinem Herzen. Doch schlagartig machte sich wieder Panik in ihr breit. Sie sah das ganze Blut und fasste sich reflexartig an die Nase. Sie wurde wieder klarer und versuchte, sich panisch und unbeholfen ihre Hose richtig anzuziehen. Ich sprach sie mehrmals an, dass der Notarzt gleich kommen würde, und versuchte, sie zu beruhigen. Die Gefahr der Selbstverletzung war in diesem Moment ziemlich hoch.

Endlich klingelte es – *das ist der Rettungsdienst!* Ich setzte Irina an die Wand und ließ den Rettungsdienst in die Wohnung herein. Ich merkte, wie ich umschaltete und automatisch wichtige Informationen an die Retter weitergab. Ich funktionierte wie in einem Einsatz und wies sie ruhig in die Lage ein. Der Retter sah mich verdutzt an und fragte mich, was ich denn arbeiten würde. Dann schmunzelte er: „Polizist, alles klar."

Seine Rettungsdienstkollegin kannte ich sogar von verschiedenen Einsätzen. Sie sah mich entsetzt an, als sie mich erkannte. „Du bist das! Was ist hier los? Tumor? Was, deine Frau und du, ihr seid doch erst um die 30! Oh Mann, ist das ihr erster Anfall?" Stille. Diese Frage drang wie ein Dolch in mich ein und löste in mir einen unfassbaren Schuldgedanken aus. Ich konnte nichts dagegen tun und war auf einmal total gelähmt. *Ihr **erster** Anfall? Habe ich die Gefahr eines epileptischen Anfalls unterschätzt? Wäre das vermeidbar gewesen?* Die Retterin sah mich fragend an und durchbrach das Schweigen durch die Wiederholung ihrer Frage: „Ist das ihr erster epileptischer Anfall?" Ich nickte stumm. Das Schuldgefühl ging nicht weg. *Ihr erster Anfall – du Idiot, hast du wirklich gedacht, sie würde nie einen Anfall haben? Okay, stopp.* Ich sammelte mich, es war im Moment der völlig falsche Zeitpunkt, um zu reflektieren.

Sie mussten Irina ins Krankenhaus bringen; es sah nach einer Nasenbeinfraktur aus. Ich sammelte ein, zwei Sachen zusammen und gab Irina ihr Handy. Ihr Hintergrundbild leuchtete auf, und Naomi strahlte uns an. Irina lächelte, ich nickte und flüsterte: „Gott behütet dich, halte durch, denk an

Jesus und unsere Naomi." Die Retterin sah das Bild und blickte mich schockiert an: „Wie alt ist euer Kind?" Ich antwortete: „Bald vier Monate." Sie war fassungslos. Sie suchte nach Worten, Tränen stiegen ihr in die Augen, aber ich schüttelte nur den Kopf. Mein Blick sagte ihr: *Alles ist gut!* So transportierten sie Irina schließlich ab.

Ich war allein. Das Adrenalin ließ nach, und erste Reflexionsgedanken prasselten auf mich ein. Erst jetzt bemerkte ich, dass ich überall mit Blut verschmiert war. Ich war wie paralysiert, sackte auf den Boden und fing an zu weinen. In diesem Moment klingelte es wieder, an der Tür stand ein vertrauter Kollege aus meiner Schicht. Sie waren gerade mit dem Streifenwagen in der Nähe gewesen und hatten gesehen, wie Irina abtransportiert worden war. Er musste sehen, wie es mir ging. Ich dachte nur: *Dich schickt der Himmel!* Als ich ihm öffnete, versuchte ich noch kurz, gegen die Tränen anzukämpfen. Aber als er mich in den Arm nahm, brach alles aus mir heraus, und ich weinte an seiner Schulter. So hielt er mich einfach eine Weile im Arm. Er fand zwar kaum Worte, aber das musste er auch nicht – dieser kurze Trost war sehr hilfreich. Ich beruhigte mich wieder, und als ich auch in seinen Augen wieder klar war, verabschiedete er sich.

Ich rief meine Mutter an. Sie setzte sich ins Auto und fuhr sofort zu mir. Bis sie da war, wischte ich die Blutspuren von dem Unfall auf und wusch mich. Zwischenzeitlich erfuhr ich über das Klinikum, dass Irina sich tatsächlich lediglich eine Nasenbeinfraktur zugezogen hatte. Sie würden sie eine Nacht dabehalten, und am Folgetag sollte sie nochmals untersucht werden. Die Untersuchung ergab, dass sie gleich nach Hause konnte und die Fraktur ohne Operation verheilen würde. Sie hatte einen epileptischen Anfall gehabt. Leider waren durch diesen Anfall alle wiedergefundenen Worte dahin. Irinas

Sprachstörung war so schlimm wie nach den Operationen im Januar. Einziger Lichtblick: Naomi hatte in dieser Nacht das erste Mal durchgeschlafen.

In unserer Freundesgruppe informierte ich die Menschen, die uns unterstützten, und verbreitete mal wieder eine Hiobsbotschaft. Wie so oft beim Verfassen dieser Nachrichten kamen mir die Tränen. Doch dann ermutigte mich der Tagesvers auf unserem Kalender:

> Und Gott wird abwischen alle Tränen von ihren Augen,
> und der Tod wird nicht mehr sein, weder Leid
> noch Geschrei noch Schmerz wird mehr sein;
> denn das Erste ist vergangen.
>
> *Offenbarung 21, Vers 4*

Eines Tages werden wir in der Ewigkeit sein, und dann wird es all das nicht mehr geben – nie wieder. Wir haben die feste Hoffnung auf ein Leben ohne diese Krankheit, ohne Angst, ohne Schmerz. Ein Leben, in dem Jesus unsere Tränen abwischt und der Tod keine Macht mehr hat. Das ist die Ewigkeit – ein Ort, an dem wir am liebsten schon morgen wären.

Unsere feste Burg

Die Folgen des Anfalls waren zusätzliche Arzttermine und eine weitere Unterbrechung der Chemotherapie. Irina musste auf Antiepileptika eingestellt werden, und der Kopf wurde erneut untersucht. Diese Termine waren enorm anstrengend, und am Ende stellte sich heraus, dass wieder ein Tumor in der Resektionshöhle nachgewachsen war. Unser Glück im Unglück: Der Tumor hatte nicht in einen Bereich gestreut, an dem man nicht mehr operieren könnte, im Gegenteil: Der Bereich barg kaum Risiken, und man konnte dort gut operieren. Dennoch, Irina war bedient: wieder eine Operation – aber was blieb ihr anderes übrig? Wie so oft saßen wir in einem Wartebereich des Klinikums, mit unseren Gedanken und den Sprachschwierigkeiten allein gelassen. *Ein Tumor, eine weitere Operation, steigende Risiken: Wie soll Irina das alles bloß aushalten, wie wird sie sich entscheiden?* Mittlerweile fielen mir kaum noch tröstende Worte ein. Da durchbrach Irina plötzlich das Schweigen. Sie zuckte mit den Schultern und sagte:

„Gott hat einen Plan, mehr brauche ich nicht."

Ich musste an Paulus denken, als Gott ihm in der Bedrängnis diese Worte zusprach.

> Lass dir an meiner Gnade genügen, denn meine Kraft wird in der Schwachheit vollkommen!
>
> 2. Korinther 12, Vers 9b

Ein Vers, den Menschen anscheinend nur in der Not wirklich verstehen können. Irina vertraute in höchster Bedrängnis auf Gott – „mehr brauche ich nicht". Ich war überwältigt. Wir beteten gemeinsam und befahlen Gott alles an. Damit legten wir die Situation in seine Hände. Daraufhin stimmte Irina einer weiteren gefährlichen Operation am Gehirn zu.

Die Operation fand schließlich am Geburtstag meiner Mutter statt. Es gab keinerlei Komplikationen, der Tumor konnte entfernt und Irina bereits wenige Tage später wieder entlassen werden. Eine Entlassung ins Chaos, wie sich leider noch herausstellen sollte. Es war der fünfte Eingriff an Irinas Kopf gewesen, und es war klar, dass das nicht dauerhaft so weitergehen konnte. Mit dem Kaiserschnitt und der Geburt unserer Tochter waren es schon allein in den letzten sechs Monaten fünf Operationen gewesen – inklusive mehrerer Wochen Strahlen- und Chemotherapie. All das zusammen machte Irina vor allem körperlich, aber auch psychisch immer mehr zu schaffen. Sie hatte mittlerweile Ängste vor Spritzen, und die Ärzte machten einem auch keine Hoffnung mehr. Irgendwann würde der Tumor in einen Bereich streuen, an dem man nicht mehr operieren könnte. Diese ernüchternde Bilanz der Ärzte ging weiterhin mit der Empfehlung einher, eine Chemotherapie zu machen. Mir aber war völlig klar: Irina konnte nicht mehr. Ihr eine weitere Chemo zuzumuten, wäre einfach nur der blanke Wahnsinn.

Ende Juli 2021 wagten die Ärzte eine vorsichtige Prognose, was Irinas Lebenserwartung betraf. Das hörte sich dann in etwa so an:

> *„Wie lange Sie leben, weiß nur der liebe Gott. Aber wenn Sie so fragen, würde ich sagen, dass Sie statistisch und aus medizinischer Sicht gesehen sowie unter den besten Umständen noch ungefähr zwölf Monate zu leben haben.“*

Irina war mittlerweile kaum noch zurechnungsfähig, und so wurde ich mit Vollmachten und einer Patientenverfügung ausgestattet – für den Fall der Fälle. „Der Fall der Fälle“ bedeutete: Irinas Gesundheitszustand würde sich nicht mehr verbessern, alles würde schlechter werden, bis hin zur stationären Aufnahme und Sterbebegleitung. Hierfür wollten wir alles geregelt haben, und so setzte Irina mit mir ihr Testament auf. Aber jeder Mensch muss sein Testament selbst schreiben, daher benötigten wir hierfür fast zwei Wochen. Das verdeutlicht auch, wie schwer es für sie mittlerweile war, wenn es „nur“ um solch vermeintlich leichte Sachen ging. Irinas kognitive Fähigkeiten waren bereits so sehr eingeschränkt, dass sie nur ganz langsam und Buchstabe für Buchstabe schreiben konnte. Genauso war es beim Sprechen und im Grunde mit ihrer gesamten körperlichen Verfassung. Ständig tat ihr etwas weh, und schon die alltäglichen Bewegungen waren enorm anstrengend für sie. Sie war gefangen in einer ganzkörperlichen Schwäche, in der sie nicht mehr sagen konnte, wo auf der Skala ihre Schmerzen waren – geschweige denn, woher sie kamen. Dazu kamen katastrophale Blutwerte, Eisenmangel, die Nebenwirkungen der vielen Medikamente und weitere Nebenerkrankungen aufgrund der Störungen des Immunsystems. Nichts funktionierte mehr – Irina war einfach völlig am Ende. Und in dieser Situation riet man uns erneut zu einer Chemotherapie!

Gott sei Dank hatten wir uns onkologisch immer außerhalb des Klinikums beraten und betreuen lassen. Die Onkologin bewies Weitsicht und stellte nüchtern fest, dass die Ärzte des Klinikums Irina aufgegeben hatten. Eine Chemotherapie hätte sie höchstwahrscheinlich ins Hospiz befördert. Wir waren schockiert, mit welcher Leichtigkeit und Selbstverständlichkeit zu dieser Therapie „geraten" wurde. „Eine Chemotherapie würde für sie das Ende bedeuten", war der Wortlaut unserer Onkologin – und das war auch unser Eindruck. Doch offensichtlich hatte nur diese Ärztin auch den Mut, uns ehrlich zu sagen, wo wir medizinisch standen – nämlich am Ende. Es galt nur noch, Schadensbegrenzung zu betreiben. So riet sie uns von einer Chemotherapie ab und versorgte uns beinahe täglich mit Ratschlägen in Bezug auf die Dosierung der verschiedenen Medikamente.

Wir rannten nur noch von Arzt zu Arzt wegen der ganzen Nebenbaustellen. Von da an erlebten wir eine der schlimmsten Phasen unseres Lebens, in der uns die Grausamkeit dieser Erkrankung täglich vor Augen geführt wurde. Ich habe noch nie einen Menschen, der mir so sehr am Herzen liegt wie meine über alles geliebte Frau, so leiden gesehen. Alle paar Tage hatte Irina Schmerzsymptome, die angesichts der Medikamenteneinnahme nicht mehr einzuordnen waren. *Sind es die Nebenwirkungen der Medikamente oder eine innere Erkrankung?* Die Situation wurde immer belastender, und Irina war fast nur noch im Bett oder bei den Ärzten.

Mittlerweile war es August, und wir hatten auch schöne Momente. So konnten wir Irinas Geburtstag mit Freunden aus ihrer Heimat feiern. Kurzzeitig konnte Irina auch wieder besser sprechen. Anscheinend war durch die letzte OP der Druck im Kopf so verringert worden, dass Irina wieder einen besseren Zugriff auf ihr Sprachzentrum hatte. Aber diese Freude hielt nur kurz an. Denn eines Nachts fing Irinas Operationsnarbe am Kopf an zu nässen. Außerdem stellten wir fest, dass ich unwissentlich ein paar Medikamente in kontraproduktiver Dosierung verabreicht hatte. Darüber hatte uns das Klinikum leider nicht vollständig aufgeklärt. Als wir das herausfanden, waren aber bereits neue Schmerzen und Symptome vorhanden, die alles verkomplizierten. Der Druck auf mich stieg von Tag zu Tag, und ich hatte die ständige Sorge, falsche Entscheidungen zu treffen. Gleichzeitig aber gab es auch kaum mehr richtige.

Bei alldem darf man nicht vergessen: Auch unsere Tochter mit ihren nun schon sieben Monaten war an Bord, und sie wurde immer lebendiger. Für Irina war das auch deshalb besonders belastend, weil sie sie nicht halten oder heben durfte und konnte. Als Epilepsiepatientin war sie überall „das Risiko" für ihr Kind, obwohl sie natürlich seine Mutter war. Sie litt zunehmend unter dieser Situation, und es kamen Gedanken wie: *Es wäre besser, nicht mehr da zu sein.* Sie wusste, dass diese Gedanken nicht richtig waren, aber die Sehnsucht nach Erlösung war da. Sie konnte nicht Mama sein, und das zerriss sie. Gleichzeitig trieb die Liebe zu ihrer Tochter und mir sie innerlich weiter an durchzuhalten. Es war ein andauerndes Wechselbad der Gefühle, und dazu kam diese Gedächtnis- und Sprachstörung. Ich bin immer noch völlig sprachlos, wie sie diese Belastung täglich wegsteckte. Vieles konnten wir gar nicht richtig besprechen, und diese Hilflosigkeit machte uns wirklich zu schaffen. Unsere ersehnte Sicherheit fanden wir in dieser Phase deshalb wieder nur im Glauben an Gott.

Der HERR ist mein Fels, meine Burg und mein Retter;
mein Gott ist mein Fels, in dem ich mich berge,
mein Schild und das Horn meines Heils,
meine sichere Festung.

Psalm 18, Vers 3

Glaube an Gott. Ruhe und Frieden für die Seele.
Geborgen wie in einem Felsen, geschützt wie hinter einem Schild.
Heil, das aus uns strahlte wie der Schall aus einem Horn.
Rettung und Sicherheit vor Bedrängnissen wie in einer Festung.
Unser Retter und Gott – unsere feste Burg.

Doch ob unsere irdische Wohnung in Augsburg auch eine sichere Festung bleiben konnte, stand wegen all der Last und den Schwierigkeiten auf dem Spiel.

Gott macht keine Fehler

Zum Schutz aller musste ich eine Entscheidung treffen. Wenn sich Irinas Zustand nicht verbesserte, war die Notwendigkeit einer Betreuung gegeben, damit ich noch handlungsfähig blieb und weder das Kind noch Irina unterversorgt und damit gefährdet wären. Die Situation war in Anbetracht von Irinas schlechter körperlicher Verfassung mit ungewissem Ausgang und der Lebendigkeit von Naomi nicht mehr allein zu stemmen. Ich war längst am Limit meiner Kräfte angekommen, und es gab niemanden, der mir diese Last hätte abnehmen können. Eine Option bestand darin, in das Haus meiner Eltern zu ziehen – 95 Kilometer und etwas über eine Stunde Fahrtzeit entfernt. Wir spielten ihr Angebot gedanklich durch und kamen zu dem Schluss: Es wäre ein Kompromiss, bei dem viele Fragen ungeklärt blieben. Außerdem wollten wir eigentlich nicht weg aus unserer Stadt und unserer Wohnung, die sich mittlerweile wie eine Bastion anfühlte. Doch die Gesamtumstände führten zu dem Entschluss, es zumindest einmal auszuprobieren. Zur Sicherheit rief ich den Eigentümer unserer Mietwohnung an und fragte nach, ob im Fall der Fälle eine Sonderkündigung in Ordnung wäre. Er stimmte schockiert zu. Wieder einmal musste ich einem Menschen, den ich nicht mal persönlich kannte, eine Hiobsbotschaft mitteilen. Nachdem alles geklärt war, vereinbarten wir also, Mitte August probehalber für ein paar Tage zu meinen Eltern zu ziehen. Zunächst sorgte das für die längst überfällige Entlastung, doch leider bewahrheiteten sich auch die Befürchtungen, dass die Kompromisse alles etwas verkomplizieren würden.

Das Haus meiner Eltern war für Irinas Verfassung baulich nicht besonders geeignet. Mehrere Ebenen mit vielen Treppen erschwerten die Wahl des richtigen Zimmers. Einerseits brauchten wir als Familie ein Zimmer mit viel Ruhe, andererseits wurde die Nähe zum Badezimmer mit Toilette immer wichtiger. Wir wählten die Ebene mit dem Familienzimmer und nahmen dafür die Treppen zum Bad in Kauf. Treppen, die Irina bereits nach ein paar Tagen nicht mehr allein gehen konnte. Ihr Zustand wurde nämlich kontinuierlich schlechter. Sie fing an zu fiebern – kein gutes Vorzeichen –, und sie wurde bettlägerig, wodurch nicht nur die Gefahr einer Thrombose stieg, sondern es bedeutete auch, dass ich nachts mit ihr auf die Toilette gehen musste, damit sie in ihrer Schwäche nicht die Treppen hinabstürzte. Für meine Eltern wurde es auch immer belastender, denn sie gingen neben der Kinderbetreuung natürlich weiterhin arbeiten. Oft wussten sie nicht, was sie zu Hause erwartete, und dann wurden sie gleich eingespannt, damit ich Irina versorgen konnte, die nicht mehr aus dem Bett kam. Alles in allem war es gut, in dieser Phase bei meinen Eltern zu sein, aber gleichzeitig nahm der Druck auf alle immer mehr zu, und so kam es, wie es kommen musste: Eines Tages brach ich mehr oder weniger zusammen und schlief einen Tag komplett durch. Ich hatte keine Kraft mehr, aber es half alles nichts, ich durfte nicht ausfallen. Ich war völlig abhängig von übernatürlicher Versorgung, und Gott stärkte mich!

> Ich vermag alles durch den, der mich stark macht, Christus.
>
> *Philipper 4, Vers 13*

Irinas Zustand wurde dafür immer schlimmer, sie bekam völlig unkontrollierbare Fieberschübe und war immer wieder weggetreten. Es wurde immer brisanter. Das Fieber machte uns allen Sorge – *ein Infekt? Ein letzter Kampf des Immunsystems? Oder etwas ganz anderes? Gott, wohin führst du uns?*

In dieser Zeit lernte ich Psalm 23 auswendig. Es begann für mich eine intensive Gebetszeit und ein Kampf auf Leben und Tod für meine liebe Irina.

Eine Ärztin aus dem Ort kam und versuchte, alles in ihrer Macht Stehende zu tun, aber kein Medikament schlug mehr an. Ich war angespannt, und ihre Herangehensweise überzeugte mich leider wenig – keine gute Mischung. Ich brauchte die Onkologin aus Augsburg, eine handlungskompetente Frau, die einfach Entscheidungen traf! Damit gab es ein weiteres Kriterium, das die Probe des Wohnungswechsels zu meinen Eltern letztlich zum Scheitern brachte: die ärztliche Versorgung. Das Krankenhaus im Ort konnte keine neurochirurgischen Eingriffe vornehmen, und die Ärztin vor Ort kannte Irina einfach zu wenig. Außerdem wurde ihr die Behandlung der komplexen Krebs- bzw. Tumorerkrankung durch fehlende Einsicht und Erkenntnisse aus der Histologie[5] zusätzlich erschwert.

---

5 Histologie: „Bei histologischen oder zytologischen Untersuchungen begutachten Fachleute auffällige Gewebeveränderungen unter dem Mikroskop oder mit weiteren Methoden. Das Ergebnis, der sogenannte histologische oder zytologische Befund, liefert wichtige Informationen für eine individuelle Therapie von Krebserkrankungen." Quelle: https://www.krebsinformationsdienst.de/untersuchung/mikroskopische-diagnostik.php, abgerufen am 23.11.2023.

Wir wussten nicht mehr weiter; die Wohn- und Versorgungssituation schien eine unlösbare Aufgabe zu sein. Aber was noch viel schlimmer war: Irinas Zustand verschlimmerte sich sogar noch mehr. Sie hatte nun fast nur noch komatöse Phasen, und die Operationsnarbe am Kopf wies massive Schwellungen auf, die sich mittlerweile rot-blau färbten. Irina ging es in allen Belangen so schlecht, dass die Ärztin vor Ort schließlich dazu riet, sie auf die Palliativstation zu verlegen. Man würde also nur noch auf Schmerzen und Symptome reagieren. Die Ursachen würden nicht mehr bekämpft werden, sondern man begleitete das Sterben.

Sterben. Kannst du deine Frau sterben lassen? Sind wir schon an diesem Punkt? Will Irina das? Kann sie jetzt sterben? Liegt das überhaupt in unserer Hand? Fragen, die du nicht beantworten kannst. Das kann nur einer – Gott. Natürlich hatten wir Angst, blickten wir dem Tod doch beinahe täglich ins Auge! Aber egal, was die Ärzte sagten, wir vertrauten auf Gott, denn nur er hat das letzte Wort!

> Der HERR ist mein Hirte, mir wird nichts mangeln. ... Und ob ich schon wanderte im finstern Tal, fürchte ich kein Unglück; denn du bist bei mir; dein Stecken und Stab trösten mich.
>
> *Psalm 23, Verse 1+4*

Wir durften erleben, wie uns der Herr in dieser völlig chaotischen und instabilen Lage leitete. Denn aufgrund der allgemeinen Überforderung wurden auch Maßnahmen angestrebt, die sich hinterher als falsch erwiesen. Hierbei gebe ich wirklich niemandem die Schuld und verurteile auch keineswegs die Ärzte oder unterstelle ihnen gar mangelnde Fähigkeiten. Dennoch waren, nüchtern betrachtet, alle aufgeschmissen und lagen deshalb daneben.

An diesem Punkt möchte ich Gott die Ehre geben: Er allein weiß, was gut für uns ist! Gott macht keine Fehler. Gottes Trost ist in der tiefsten Not das Allerwichtigste. Wir erhielten diesen Trost in diesem Moment durch den folgenden Vers:

> Wir wissen aber, dass denen,
> die Gott lieben, alle Dinge zum
> Guten dienen, denen, die nach
> dem Vorsatz berufen sind.
>
> *Römer 8, Vers 28*

Wenn der HERR deinen Glauben auf Herz und Nieren geprüft hat, weißt du, was mit *alle Dinge* gemeint ist – vorher nicht, das ist meine persönliche Überzeugung. Denn wenn du dieses Wort selbst im tiefsten Leid glauben kannst, dann hast du mitten im Schmerz Gottes Trost bekommen. So wie wir.

In einer klaren Minute redete ich mit Irina und fragte sie, ob sie bereit wäre heimzugehen – zu sterben. Sie sagte: Ja, sie habe keine Angst vor dem Tod, aber gleichzeitig wolle sie hierbleiben, wegen uns. Ich verstand das, denn mir ging es genauso. So fragte ich sie, ob ich zu Gott für eine Lösung beten dürfe, die beide Optionen beinhalte. Sie bejahte auch das, und ich sprach ein Gebet, das ich so noch nie gesprochen hatte:

„Vater, unser lieber Vater. Ich komme vor dich durch deinen Sohn Jesus Christus, dem wir alles zu verdanken haben und durch den wir überhaupt erst vor dich kommen können. Wir wissen, dass Krankheit nicht von dir kommt, und du siehst unsere Situation. Vater, wir sind am Ende. Die Menschen, die Ärzte, alle sind am Ende. Niemand weiß mehr weiter. Unser Verstand ist so begrenzt, und wir verstehen sehr viele Dinge in unserer aktuellen Situation nicht. Aber ich weiß, Gott, dass du keine Fehler machst. Du bist unser liebender Vater. Nichts, gar

nichts, kann uns von deiner Liebe trennen. Ich trete vor dich als
der Ehemann von Irina, als der Mann, den du zu dieser Frau
gestellt hast. Ich liebe sie, und ich weiß, du liebst sie noch mehr.
Ich weiß, dass sie bei dir in den besten Händen ist, und du hast
uns zugehört. Wir sind damit einverstanden, dass du Irina
zu dir holst, obwohl sie gern aus Liebe zu ihren Nächsten, vor
allem unserer Tochter Naomi, hierbleiben möchte.
Du weißt das alles, du erforschst uns und kennst unsere Herzen.
Wir haben das Leid angenommen, und wir werden es zu deiner
Ehre ertragen, was auch kommen möge. Wenn du Irina zu dir
holen möchtest, sind wir damit einverstanden. Möchtest du,
dass sie weiterhin hierbleibt, dann freuen wir uns sehr darüber.
Ich weiß, dass du heilen kannst, aber ich möchte dich um etwas
anderes bitten: Schenke uns eine Lösung. Du entscheidest,
wohin es geht, aber wir sehen nicht, wohin es gehen soll.
Bitte schenke uns Klarheit, erbarme dich über uns,
und dein Wille möge geschehen. Amen."

Am folgenden Tag traf ich eine Entscheidung: *Ich werde ein letztes Mal die Ärzte anrufen und darauf ver-*trauen, dass es an diesem Tag zu einer Lösung kommen wird – wie auch immer sie aussehen möchte. Als Erstes rief ich in Augsburg in der Onkologie an. Fehlanzeige, die Ärztin war im Urlaub. *Nicht aufgeben, es wird eine Lösung geben, Gott macht keine Fehler.* Die Ärztin aus unserer Ortschaft war beschäftigt, man vertröstete mich: Ein Bett auf der Palliativstation sei bereits bestellt. Warten. Plötzlich rief mich eine unbekannte Nummer an; es war

> Erforsche mich, o Gott, und erkenne mein Herz;
> prüfe mich und erkenne, wie ich es meine;
> und sieh, ob ich auf bösem Weg bin,
> und leite mich auf dem ewigen Weg!
>
> *Psalm 139, Verse 23-24*

die Onkologin, die sich aus ihrem Urlaub meldete. Sie meinte sofort: „Palliativ ist zu früh! Ich habe Ihre Frau kämpfen gesehen, wir werden sie jetzt nicht aufgeben! Rufen Sie die Neurochirurgen aus dem Augsburger Klinikum an, die sollen sie einbestellen." *Die Neurochirurgen! Wieso hat keiner daran gedacht?!* Dankbar legte ich auf und ließ mich mit einem Neurochirurgen aus der Augsburger Klinik verbinden. Er hörte sich die Situation an und fragte dann kurz und knapp: „Wo sind Sie? Was machen Sie da? Kommen Sie sofort hierher, Sie sind sieben Tage zu spät!" Ich legte auf, und sofort klingelte mein Telefon wieder. Es war der Rückruf der Ärztin aus dem Ort, die bereits das Palliativbett organisiert hatte. Sie erklärte kurz, dass die Neurologen der Palliativstation auf einmal davon abgeraten hätten, Irina aufzunehmen. Sie hielten es nun doch für klüger, Irina von der Neurochirurgie in Augsburg ansehen zu lassen. Die Ärztin war plötzlich wie ausgewechselt und nun ebenfalls davon überzeugt, dass dies die beste Entscheidung war.

Innerhalb eines Tages hatten alle ihre Meinung geändert. Wo zuvor lange Uneinigkeit geherrscht hatte, war sie plötzlich da: die Lösung. *Gott. Nichts ist dir unmöglich. Du hast immer eine Lösung!*

> Von allen Seiten umgibst du mich und hältst deine Hand über mir. Diese Erkenntnis ist mir zu wunderbar, zu hoch, als dass ich sie fassen könnte!
>
> *Psalm 139, Verse 5-6*

Wir organisierten einen Rettungssanitäter, und Irina wurde so schnell wie möglich nach Augsburg ins Klinikum gebracht. Eine Entscheidung, die keine Sekunde später hätte fallen dürfen, denn man musste Irina erneut und unverzüglich am Kopf operieren.

Begreife das nicht,
verstehe es nicht,
hör auf, einen Zufall daraus zu stricken!
Glaube!

Gott ist gut, und nur er kennt den genauen Zeitpunkt. Er hat die besten Lösungen und ist sehr, sehr gut zu uns. Wir werden ihn nur niemals von Anfang bis Ende verstehen. Aber was bleibt, sind das feste Vertrauen und die Hoffnung auf seine ewig währende Liebe!

> Er hat alles vortrefflich gemacht zu seiner Zeit,
> auch die Ewigkeit hat er ihnen ins Herz gelegt –
> nur dass der Mensch das Werk, das Gott getan hat,
> nicht von Anfang bis zu Ende ergründen kann.
>
> *Prediger 3, Vers 11*

In der Seelsorge Gottes

Es war Ende August 2021, der Vorabend der Operation. Irina wurde stationär in Augsburg aufgenommen, während ich mit Naomi vorerst noch bei meinen Eltern blieb. Spätabends rief mich ein Chirurg an:

> *„Wir kennen Ihre Frau, das ganze Haus kennt sie, und es ist gut, dass sie jetzt hier ist. Ihre Frau ist eine Kämpferin und jung, ich würde volles Risiko gehen. Ich habe in Afghanistan gedient und habe Menschen, die so aussahen wie ihre Frau, sofort notoperiert – und das in einem Zelt und bei weit weniger Kenntnis über ihre Vorgeschichte. Sie brütet irgendetwas unter ihrer Schädeldecke aus, ich sehe das sofort. Ich bin Handwerker und weiß, wie es im Kopf Ihrer Frau aussieht, ich war bei den meisten Operationen dabei. Wenn es nach mir ginge, würde ich sofort operieren, aber wir sind nicht in Afghanistan und auch nicht in einem Zelt (lacht). Wir sind im Klinikum und in Deutschland, da macht man erst ein MRT, das warten wir ab, und morgen sehen wir dann weiter."*

Ich bin kein Fan von Wischi-Waschi-Kommunikation. Deswegen war ich sehr dankbar für die deutlichen Worte. Am nächsten Morgen bestätigte sich der Verdacht des Chirurgen, und man fing sofort an zu operieren. Unter Irinas Schädeldecke hatte sich ein bakterieller Infekt gebildet, der bereits den Schädeldeckenknochen infiziert hatte. Es herrschte akute Lebensgefahr, denn jede Verzögerung hätte zur Folge gehabt, dass der Infekt auf das Gehirn übergegangen wäre. Dann hätte man keine Chance mehr gehabt, noch irgendetwas für Irina zu unternehmen. So entfernte man einen Teil des Schädeldeckenknochens, rettete Irina durch diesen Eingriff das Leben und pumpte sie voll mit Antibiotika. Es war bereits die sechste Operation am Kopf, und sie zog einen schweren, vier Wochen langen Krankenhausaufenthalt nach sich. Doch eine unerwartete Neuigkeit sorgte für Hoffnung: Das MRT zeigte entgegen jeder Prognose, dass kein Tumor nachgewachsen war.

Aufgrund der mehrwöchigen stationären Aufnahme von Irina fällte ich erneut einen Entschluss. Ich brach die Zelte bei meinen Eltern ab und kehrte mit Naomi zurück in unsere Wohnung nach Augsburg – die Bastion. Das bekannte Umfeld in Augsburg mit der ärztlichen Versorgung, den eingespielten Ärzten und unserer geistlichen Heimat (Gemeinde) war hierbei das ausschlaggebende Argument. Außerdem wollte ich Irina im Klinikum regelmäßig besuchen, und sie brauchte ihren Mann und ihre Tochter. Naomi nur zu sehen, war für sie schon eine wunderbare Ermutigung, und so besuchten wir sie täglich. Gleichzeitig war ich wegen Irinas Sprachstörung auch in der Verantwortung und vermittelte zwischen Ärzten, Pflegern, Therapeuten und der Sozialstation. Naomi mit ihren acht Monaten brauchte ihren Vater in Vollzeit. Meine stark eingeschränkte Frau benötigte ihren Ehemann aber ebenfalls in Vollzeit. Mann und Frau getrennt war für uns deshalb unvorstellbar, und wir empfanden die ungewollte Trennung als eine unfassbare Belastung, die nicht spurlos an uns vorüberging.

Es war ähnlich wie in dieser Bibelgeschichte (siehe Kasten), als David und seine Volksgenossen von den Amalekitern überfallen worden waren. Diese hatten die Stadt zerstört und dem werdenden König und seinem Volk die

> Da erhoben David und das Volk, das bei ihm war, ihre Stimme und weinten, bis sie nicht mehr weinen konnten.
>
> 1. Samuel 30, Vers 4

Ehefrauen und ihre Kinder geraubt. Diese Trennung und der Verlust schmerzten die von einem Kampf Zurückkehrenden sehr, und so vergossen sie Tränen, bis keine mehr kamen. David hatte in dieser Situation massiven Druck, denn neben dem Verlust der eigenen Familie bedrängte ihn auch noch das Volk und wollte ihn zur Verantwortung ziehen. Frust kann einen verbittert machen, und Bitterkeit ist kein guter Antrieb, wie man bei dem Volk sehen konnte, das David sogar steinigen wollte.

> Denn die Seele des ganzen Volks war erbittert, jeder wegen seiner Söhne und wegen seiner Töchter. David aber stärkte sich in dem HERRN, seinem Gott.
>
> 1. Samuel 30, Vers 6b

David hatte Macht, er war zum König gesalbt. Frust oder Bitterkeit hätten ihn mit Sicherheit zu einem Machtmissbrauch geführt. Doch David war gottesfürchtig; ihm ging es nicht um Macht. Er wusste, dass sich wahre Stärke nicht in einer Machtdemonstration zeigt, sondern von Gott kommt. Er brauchte Trost und eine Lösung! Und David wusste genau, wo er beides finden würde: bei seinem allmächtigen Gott. „Er stärkte sich in dem HERRN", das heißt, er betete zu Gott. Die Geschichte endet damit, dass Gott dem Volk die Familien zurückgab, indem er David befähigte, die Entführer einzuholen und zu besiegen.

Wenn ich nach einem Tag im Krankenhaus abends nach Hause kam, erging es mir ähnlich wie David und seinem Volk. Die Trennung von Irina und die Machtlosigkeit über die Situation verursachten in mir einen tiefen Schmerz. Ich hatte den Eindruck, dass die Pfleger Irina nicht besonders gut behandelten und die Ärzte ihrer Mitteilungspflicht mir gegenüber einfach nicht nachkamen. Ein Gehirntumorpatient braucht viel Zeit und Geduld. Ähnlich wie bei einem Puzzle oder Logikrätsel muss man die Dinge ausführlich erörtern, bis das Puzzlestück passt und die Information richtig ankommt. Weder Ärzte noch Pfleger berücksichtigten das angemessen – zu viele andere Patienten, zu wenig Personal, zu wenig Zeit. So stieg der Druck auf mich von Tag zu Tag; Irina war hilflos und erhoffte sich von mir Aufklärung. Eine Erwartung, die ich ihr erfüllen wollte, aber durch den schwierigen Umgang mit dem Personal kaum bieten konnte. Immer wieder wurde ich ignoriert oder vertröstet – trotz Vollmacht und Patientenverfügung. Puzzlestücke blieben liegen, obwohl sie leicht einzusetzen gewesen wären. Frust machte sich breit und drohte, in Bitterkeit zu kippen.

So saß ich abends, nachdem ich Naomi ins Bett gebracht hatte, oft allein, kraftlos und einsam da und weinte einfach – bis ich nicht mehr weinen konnte.

Aber dann kniete ich mich vor unser Balkonfenster und blickte in den Sternenhimmel. Ich zündete neben mir eine

Kerze an – meistens war es schon dunkel – und schlug meine Bibel auf. Dann fing ich an zu beten und „stärkte mich in dem HERRN, meinem Gott". Jedes Mal schien ein bisschen mehr Schmerz wegzugehen, und ich bemerkte eine besondere, barmherzige Fürsorge Gottes. So schlief ich jeden Abend selig ein und konnte die Strapazen des nächsten Tages mit neuer Kraft angehen. Diese Kraft war nötig, denn sonst wäre ich dem einen oder anderen in diesem Krankenhaus irgendwann an die Gurgel gegangen. Aber Gottes Kraft ist anders: Sie trägt, macht standhaft und bewirkt Ausharren. Sie ist eine vergebende Kraft.

So konnte ich Irinas und meinen eigenen Frust besser auffangen und ihr Trost spenden. Ich konnte für sie da sein – dort, wo sie sich oft sehr unverstanden fühlte und neben den zahlreichen körperlichen Torturen auch seelisch viel litt. Oft spürte ich paradoxerweise eine Freude im Herzen und konnte mit meiner spaßigen Art für Heiterkeit im tristen Krankenzimmer sorgen. Erst später las ich einen Vers, den ich bis heute bemerkenswert finde:

> Ein fröhliches Herz fördert die Genesung.
>
> *Sprüche 17, Vers 22*

Von mir aus war ich absolut nicht fröhlich, meine Frau sterbenskrank, ich mit meinem Latein völlig am Ende. Aber meine Freude war echt, kein Kasperletheater, keine Maskerade! Früher hätte ich diese Maske aufgezogen, um die Schmerzen zu überspielen, aber durch Jesus durfte ich endlich lernen, damit aufzuhören. Die Bibel sagt:

> Mehr als alles andere behüte dein Herz;
> denn von ihm geht das Leben aus.

Sprüche 4, Vers 23

Mit einer Maske behütest du gar nichts. Dein Herz behütest du nur, wenn du konsequent über deine Schwächen einsichtig bist und alles deinem Gott anvertraust: Sorgen abgeben, flehen, ihm alle Anliegen hinlegen, dankbar sein. Dann wird der Friede Gottes dein Herz bewahren. Dieser Prozess beginnt und endet mit Gebet.

> Sorgt euch um nichts; sondern in allem lasst durch Gebet und Flehen mit Danksagung eure Anliegen vor Gott kundwerden. Und der Friede Gottes, der allen Verstand übersteigt, wird eure Herzen und eure Gedanken bewahren in Christus Jesus!

Philipper 4, Verse 6-7

So beteten wir immer gemeinsam zum Abschied, gaben unsere Sorgen Gott und wurden für einige Dinge viel dankbarer. Natürlich beteten wir viel für Irina, aber auch für die Ärzte und die Pfleger! So, wie Gott uns in Jesus vergeben hat, wollten auch wir dem Personal nichts nachtragen und beteten bis zum Schluss für sie. Für Irina war es ein besonders heftiger Kampf, aber sie blieb im Herzen dankbar, und der Herr tröstete und stärkte auch sie. Sie konnte immer besser mit den Strapazen und den körperlichen Beschwerden umgehen. Trotz der massiven Schmerzen und ihrer dämmerschlafartigen Zustände kämpfte sie sich aus dem Bett in den Rollstuhl und nach ein paar Wochen aus dem Rollstuhl auf die eigenen Beine. Wir gingen oft an der frischen Luft spazieren, und schließlich konnte man sie sogar vorzeitig nach Hause entlassen.

In der Seelsorge Gottes zu sein bedeutet viel Gebet, und es ist gleichzeitig die stärkste Form, um Barmherzigkeit zu empfangen. Alles beginnt mit Gebet, und Gebet verändert alles! Auch wenn wir oft nicht wissen, was wir beten sollen:

„Beten lernt man beim Beten."[6]

---

6   William MacDonald, Carl T. Knott: *Nur bis zur Zimmerdecke? Gedanken zum Gebet.* Bielefeld: Christliche Literaturverbreitung 2022; S. 8.

Und morgen Ewigkeit

Ich habe nicht erst für dieses Buch damit begonnen, unsere Erfahrungen aufzuschreiben. Als wir im August 2021 bei meinen Eltern und an unserem kritischsten Punkt waren, schrieb ich das Erlebte unmittelbar nieder und veröffentlichte es in einem Blog. Sinn und Zweck davon war, unseren Glauben trotz allen Leids und der Bedrängnis zu bezeugen und die Menschen, die mit uns litten, für uns beteten und eine starke Beziehung zu uns hatten, angemessen zu informieren. Doch der Reihe nach.

Als wir im Februar 2021, nach den Operationen und Naomis Geburt, nach Hause entlassen wurden, hatte ich viel Zeit, um nachzudenken. Um nicht an den Gedanken zu ersticken, fing ich erstmals an, meine Erfahrungen aufzuschreiben. Zunächst diente mir das dazu, meine Gedanken zu strukturieren, aber auch zum Festhalten von Fakten. Schließlich waren wir nicht grundlos aus der Gemeinde ausgetreten. Ich wusste, der Gemeindeaustritt würde viele Fragen aufwerfen; gleichzeitig würde es aber nicht viele Möglichkeiten für Gespräche geben, da wir durch unsere Situation stark eingeschränkt und an unser Zuhause gebunden waren. Aber so hatte ich ausgiebig Zeit und nutzte sie, um alles ausführlich aufzuschreiben, zu reflektieren, darüber zu beten und anhand der Bibel zu prüfen. Dadurch entstand zunächst einmal ein 14-seitiges Thesenpapier[7], in dem ich unseren Gemeindeaustritt ausführlich begründete.

Außerdem führte die freie Zeit dazu, dass ich die Bibel innerhalb von neun Monaten einmal komplett durchstudierte. Hierbei lösten sich viele Gedankenkonflikte auf, und ich durfte immer mehr Gottes Gnade auf unserem Weg erkennen. Aber auch wenn Gottes Wort mich gestärkt und frei gemacht hatte, blieben dennoch zwischenmenschliche Fragen offen, und ein Stück Thesenpapier antwortet einem nun mal nicht. Irina konnte die Situation damals wegen ihrer Sprachstörung nicht mit mir aufarbeiten, und ich sehnte mich nach einem Menschen, der mich und unsere Situation verstehen konnte. Ich suchte echte Seelsorge – aber ich fand niemanden, dem ich mich anvertrauen konnte. Es schien ausweglos zu sein. Doch wo wir keine Wege sehen, hat Gott bereits eine Lösung – wofür ich mal wieder betete.

Über Umwege kam ich mit einem Bruder von der Christlichen Polizeivereinigung (CPV) in Kontakt, und wir sprachen auch kurz über meine Situation. Ich hatte gar nichts von Seelsorge oder dergleichen erwähnt – wir kannten uns ja auch kaum –, dennoch vermittelte er mich kurzerhand an einen weiteren Bruder der CPV. Er meinte: „Ich glaube, du solltest unseren Bruder Johann mal anrufen und einfach mal mit ihm reden. Ich denke, er kann dir helfen."

Einen Mann anrufen, den ich gar nicht kenne? Wie soll der mir denn helfen können? Klinge ich etwa so hilfsbedürftig, oder wieso empfiehlt mir der Kollege diesen Johann? Einfach mal reden – das

<hr />

7 Das Thesenpapier versandte ich im September 2021 an die Gemeindeleitung.

ist aber doch genau das, wonach ich mich sehne. Ich entschied mich zwar dafür, den Rat des Kollegen anzunehmen, aber noch hakte ich es nicht als Gebetserhörung ab. So vereinbarte ich einen Termin mit Johann und rief ihn im Juni 2021 kurz nach dem Epilepsieanfall von Irina (vgl. Seite 92–95) an. Wir stellten uns vor und tauschten uns zuerst über unsere Bekehrung und den dienstlichen Werdegang aus. Dann schilderte ich unsere Situation mit Irinas Erkrankung. Es tat schon gut, einfach nur darüber zu reden, aber dann wurde mir langsam klar, wieso Johann mir tatsächlich weiterhelfen konnte. Denn er konnte nicht nur gut zuhören, sondern mich auch genau verstehen. Johanns erste Ehefrau hatte nämlich Brustkrebs gehabt. Sie hieß Judith, und er begleitete sie durch diese Leidenszeit, bis sie an der Krankheit verstarb. Oder wie wir Christen sagen: bis sie heimging, denn Judith war ebenfalls gläubig gewesen. Johann wusste also ganz genau, was ich gerade durchmachte.

Nach diesem Gespräch konnte ich die Begegnung mit Johann auch als Gebetserhörung erkennen. Gott weiß einfach ganz genau, zu welcher Zeit welche Hilfe richtig oder nötig ist.

Gott gebrauchte Johann dazu, seine Erfahrungen mit

> Darum lasst uns freimütig hinzutreten zu dem Thron der Gnade, auf dass wir Barmherzigkeit empfangen und Gnade finden und so Hilfe erfahren zur rechten Zeit.
>
> *Hebräer 4, Vers 16 (Luther)*

mir zu teilen, die er damals durch das Leid mit Judith gemacht hatte, um mir dadurch in meiner aktuellen Situation zu helfen. Johann konnte auch meine Beweggründe für den Gemeindeaustritt gut nachvollziehen, da er selbst eine leitende Stellung in einer Gemeinde hatte. Er hatte als Missionar gedient und stand schon länger im Glauben, wodurch sich viel Bibelwissen angehäuft hatte. So konnte er mir hier mit Rat und Tat zur Seite stehen und schon in diesem Telefonat viele offene Wunden und Fragen heilen und klären.

Aber Gottes Gnade ist überreich – wenn wir denken, es sei genug, setzt er noch einen obendrauf. So fragte Johann mich gegen Ende des Telefonats noch, wie ich denn gedächte, weiter mit unserer Situation umzugehen. Hier erwähnte ich das erste Mal, dass ich die Dinge aufschrieb, und äußerte einen Gedanken, den ein ehemaliger Freund einmal zu mir gesagt hatte: „Schreibe doch einfach ein Buch!" Ich hatte damals erwidert, dass ich keine Ahnung hätte, wie ich das machen sollte. Aber wenn Gott wollte, dass ich ein Buch schrieb, dann würde er mir das möglich machen. Seither hatte ich den Herzenswunsch, ein Buch zu schreiben. Und tatsächlich fügten sich so langsam Dinge zusammen, die ich weder angestrebt noch gesteuert hatte. Denn Johann erzählte nun, dass seine Frau damals in ihrer Leidensphase ebenfalls ein Buch geschrieben hatte.[8] Noch blieb es bei dem bloßen Gedankenspiel, dass auch ich ein Buch schreiben könnte, und so erzählte ich Johann von meiner Idee, einen Blog zu schreiben. Damals war der Grund insbesondere der, dass ein Buch bis zur Veröffentlichung zu viel Zeit kosten und dem Anspruch, aktuelle Informationen weiterzugeben, nicht gerecht werden würde. Wir vereinbarten somit, erst einmal nur dafür zu beten, und er schickte mir ein Exemplar des Buches seiner Frau Judith. Ich las also das Buch von Judith, schrieb wie beflügelt weiterhin alles auf und blieb mit Johann in Kontakt. So häufte sich immer mehr Material an, und durch die Gespräche mit Johann fand ich innerlich zu immer mehr Frieden und Ruhe.

---

8   Judith und Johann Rempel: *Brustkrebs. Und plötzlich ist alles anders.* Dillenburg: Christliche Verlagsgesellschaft Dillenburg 2017.

Als Nächstes machte ich mich auf die Suche nach einer Plattform für den Blog, die meinen mangelnden Internetfähigkeiten gerecht wurde – und tatsächlich wurde ich fündig. Dann dachte ich über einen Namen für unsere Webseite nach und wurde durch das bewegende Zeugnis des Predigers David Bubenzer inspiriert. Dieser Mann lebte das Evangelium und betonte es durch eine Ewigkeitsperspektive. Wir hörten uns eine Predigt von ihm über die Ewigkeit an,[9] nach der Irina sagte: „Ich habe zum ersten Mal das Evangelium so richtig verstanden." Das überwältigte mich sehr, denn Irina war kognitiv so sehr eingeschränkt, dass ich starke Zweifel hatte, ob das Gesprochene überhaupt richtig bei ihr ankam. Aber so gut ist unser Gott, und so gebraucht Gott Menschen, um seine Nachricht dort hinzubringen, wo sie hingehört – in unser Herz. Die Besonderheit an dieser Predigt war vor allem ihre Authentizität. David predigte darüber, dass kein Mensch auf dieser Welt sein Leben selbst in der Hand hat. Er vergegenwärtigte eindrücklich, wie schnell das Leben eines Menschen von heute auf morgen zu Ende sein kann, und wies durch das Evangelium auf die von ihm gelebte Ewigkeitsperspektive und unseren Erretter hin. Denn nur Jesus verspricht dir ewiges Leben und garantiert dir den Durchbruch vom Tod zum Leben.

Jesus spricht: Wahrlich, wahrlich, ich sage euch: Wer mein Wort hört und dem glaubt, der mich gesandt hat, der hat ewiges Leben und kommt nicht ins Gericht, sondern er ist vom Tod zum Leben hindurchgedrungen.

Johannes 5, Vers 24

---

9   Die Predigt heißt: *Wo wirst du die Ewigkeit verbringen?* und ist auf Davids YouTube-Kanal *Seelenretter* zu finden: https://www.youtube.com/watch?v=7CjN9M4WVDc

Jesus Christus allein kann dir Frieden über die Frage des Lebens nach dem Tod geben, der bereits morgen eintreten kann. Das war die Kernaussage der Predigt von David Bubenzer. Keine zehn Monate später verstarb er völlig unvorhersehbar an einem Herzinfarkt.[10] David ging mit 41 Jahren in die Herrlichkeit ein und hinterließ Frau und Kinder.

Diese Geschichte bewegte mich sehr und erinnerte mich gleichzeitig an unsere eigene Situation. Täglich wurden wir mit der Todesdiagnose von Irinas Erkrankung konfrontiert. Aber wir glaubten auch an denselben Gott wie David, an Jesus, der uns bereits heute ewiges Leben garantiert. So manifestierte sich damals mehr und mehr der Wunsch, dem Blog einen entsprechenden Namen zu geben und ihn aufgrund der prekären Lage Irinas zu veröffentlichen. Denn alle Zeichen deuteten auf einen baldigen Heimgang hin. Jeder Tag konnte der letzte sein. *Wie geht es morgen weiter?*

Die Geburtsstunde unseres Blogs war gekommen, und so wählte ich den Namen:

Und morgen Ewigkeit

Unser Blog ist über die Webseite *www.und-morgen-ewigkeit.de* zu erreichen.

---

10 Der YouTube-Kanal *Seelenretter* existiert weiterhin. Dort kann man sich auch die Biografie von David Bubenzer ansehen: https://youtu.be/cchkVGoJQAU

Alltagsleben unter Gottes Leitung

Und morgen Ewigkeit ist seither zu unserem täglichen Lebensmotto geworden. Auf dem Blog informierte ich ab sofort beinahe täglich über unsere aktuelle Situation.

Bei der letzten Operation Ende August 2021 wurde Irina ein Teil ihres vorderen Schädeldeckenknochens entfernt, der ein paar Wochen danach durch ein Implantat ersetzt wurde. In der Zwischenzeit wurde ihr sowieso schon angeschlagenes Immunsystem durch die Antibiotika unfassbar belastet, was starke körperliche Qualen nach sich zog. Die Ärzte leisteten höchst professionelle Arbeit, aber der Körper schien sich gegen jeden gut gemeinten Eingriff zu wehren. Die Venen machten dicht, und das Nervenwasser lief nicht mehr, wie es sollte, was viele erfolglose Spritzenstiche nach sich zog. Über die Füße oder den Hals wurden Zugänge gelegt, und das Nervenwasser wurde über eine Punktierung in der Wirbelsäule kontrolliert. Irina litt so sehr, dass sie die Schmerzen gar nicht mehr einordnen konnte. Gleichzeitig entwickelte sie eine Spritzenphobie, die ihre Geduld mit den Ärzten vollends strapazierte. Immer wieder MRT-Bilder, Kontrastmittelzugabe mittels Spritzen und unfassbar laute Geräusche in der Röhre. Innerorganisch spielte alles verrückt, und man konnte nicht mehr einordnen, was welchen Schmerz oder welche Symptome auslöste. Nach der Krankenhausentlassung kollabierte Irina mehrmals wegen massiver Bauchkrämpfe, die irgendwo zwischen imaginären Schmerzen, Blinddarm und anderen neurogastroenterologi-schen[11] Problemen eingeordnet wurden. Das Ergebnis waren Notarzteinsätze, weitere Krankenhausaufenthalte und Phasen mit Morphium-Beigaben, die völlig außerhalb der Norm ver-abreicht wurden. Schließlich wurde Irina kurz vor Weihnach-ten nach mehrfachen ergebnislosen Untersuchungen (und fast schon roulettemäßig) auch noch die Gallenblase entfernt. Hierbei wurden die Operationsstellen am Bauch nicht richtig vernäht, was einen unnötig langen Wundheilungsprozess mit ständiger Infektionsgefahr nach sich zog. Es war eine Zeit der Daueranspannung, und niemand konnte die dringend benö-tigte Hilfe oder medizinische Versorgung gewährleisten. Ein auf ambulante Palliativversorgung spezialisiertes Team attes-tierte Irina zu viele lebensbejahende Umstände. Sie konnten uns keine adäquate Unterstützung bieten, was sie rein recht-lich auch nicht durften. So sahen sie die hohe Not und mach-ten uns Mut, weiter durchzuhalten. Aber die Hauptlast der Betreuung und die Verantwortung lasteten weiterhin haupt-sächlich auf meinen Schultern. Mitten in diesen massiven Kämpfen riefen wir die Ältesten der Gemeinde zu uns zum Krankengebet.

---

11 Die Gastroenterologie befasst sich mit Diagnostik, Therapie und Prä-vention von Erkrankungen des Magen-Darm-Trakts sowie der mit diesem Trakt verbundenen Organe Leber, Gallenblase und Bauch-speicheldrüse. Die Spezialisierung auf die neurologischen („nervö-sen") Ursachen wird als Neurogastroenterologie bezeichnet. Quelle: *https://de.wikipedia.org/wiki/Gastroenterologie*

In diesem liebevollen und ehrlichen Gespräch flossen uns die Tränen, und wir staunten über Gottes Treue und Gnade. Es war ein emotional sehr bewegendes, aber auch ernstes und aufrichtiges Gespräch. Dann wurde gebetet, und ab da schien sich bei Irina eine stetige Verbesserung ihres Gesamtzustands abzuzeichnen. Sie bekam seither immer besseren Zugriff auf ihre Sprache, und aus anfangs zwei, drei Wörtern wurden bald zwei, drei Sätze. Auch ihr Denkvermögen wurde wieder viel besser, und sie konnte wieder anfangen zu lesen und zu schreiben. Zuvor vergessene Praktiken – wie einen Herd bedienen – kamen wieder zurück, ebenso ihre Muskelkräfte, die völlig verschwunden gewesen waren. So ließ sich plötzlich auch der Alltag wieder gemeinsam gestalten, was ein ganz besonderer Segen war. Denn damit erfüllte sich Irinas Herzenswunsch:

Ich will Mama sein!

Im Nachhinein betrachtet kann ich bezeugen, dass seit dem Krankengebet Irinas Kräfte zurückkamen. Das war wie abgestimmt auf das stetige Wachstum und die zunehmende Lebendigkeit unserer Tochter. Aus der Gefahren-Mama, die das Kind weder heben durfte noch konnte, wurde eine Mama, die ihrer Tochter Bücher vorlas und sie ins Bett brachte. Irina pflegte wieder selbst Kontakte zu Freunden, ging mit uns

> Ist jemand von euch krank? Er soll die Ältesten der Gemeinde zu sich rufen lassen; und sie sollen für ihn beten und ihn dabei mit Öl salben im Namen des Herrn. Und das Gebet des Glaubens wird den Kranken retten, und der Herr wird ihn aufrichten; und wenn er Sünden begangen hat, so wird ihm vergeben werden.
>
> *Jakobus 5, Verse 14-15*

leidenschaftlich in die Gemeinde und ließ sich von den sonstigen Einschränkungen nicht weiter unterkriegen – *„und der HERR wird ihn (den Kranken) aufrichten"* (siehe Bibelvers-Kasten auf vorheriger Seite).

In dieser Phase vermittelte mich Johann über die CPV an die Christliche Verlagsgesellschaft Dillenburg, die wiederum im Winter 2021 grünes Licht für das Buchprojekt gab. Noch bevor ich zu schreiben begann, wurde mir klar, dass bei der Aufarbeitung und Niederschreibung der vergangenen Ereignisse die Zeit, über die ich berichten wollte, irgendwann in die Gegenwart münden würde. Außerdem wurde mir bewusst, dass ich aufgrund unserer schwierigen Gesamtsituation mit dem Schreiben möglicherweise gar nicht hinterherkommen würde. Zudem waren der Ausgang unserer Geschichte und die zukünftige Verfassung meiner Frau noch völlig unklar. Gleichzeitig lief in dieser Phase meine Elternzeit aus, und es wurde ein Modell gestrickt, wie ich in dem ganzen Wahnsinn adäquat Vater, Ehemann, Pfleger und Polizeibeamter sein könnte. Zu diesem Zeitpunkt sah niemand mehr eine Lösung für unsere Situation, und trotz Sozialstaat brachen im Grunde alle Versorgungsdämme weg. Die Krankenkasse versagte uns eine Haushaltshilfe; Tagespflege oder Tagesmütter für zu Hause gab es keine, das Elterngeld war bereits ausgelaufen, und wir lebten seit zwei Monaten ohne festes Einkommen. Irina hatte mittlerweile einen Pflegegrad bekommen und war als 100 % schwerbehindert mit Begleitung eingestuft worden. Ich hätte mich also entweder vierteilen müssen, oder Irina und Naomi hätten auf die benötigte Hilfe und Betreuung verzichten müssen. Beides waren Einschränkungen, die wir nicht in Kauf nehmen konnten, und gleichzeitig hätte uns niemand diese Situation abnehmen können.

Schließlich stellte ich mir folgende Fragen: *Bin ich wirklich in letzter Linie selbst für unsere Versorgung zuständig? Möchte Gott überhaupt, dass ich in dieser Situation arbeiten gehe?* Ich wusste, dass Gott mein Versorger ist, der das Modell Familie entwickelt hat und Arbeit als einen guten Versorgungsbaustein gebietet. Damit hatte ich zwar noch immer keine Lösung, aber ich bekam in dieser Angelegenheit eine Ruhe, die ich heute nicht mehr erklären kann. Für mich war lediglich klar, dass Gott mein absolutes Vertrauen wollte. So bat ich ihn um seine Hilfe bei der Lösung, die keiner sah – mal wieder. Kurz darauf meldete sich mein Arbeitgeber, und ich wurde zum Dienststellenleiter zitiert. Ich wusste nur, dass man sich über meine Person Gedanken gemacht hatte, und so ging ich mit etwas gemischten Gefühlen auf die Arbeit. Dort saß ich mit zwei Personalräten, meinem zukünftigen direkten Vorgesetzten und dem Dienststellenleiter in einem Raum. Keinen von ihnen hatte ich vorher persönlich näher kennengelernt, da die Stellen während meiner zweijährigen Elternzeit neu besetzt worden waren. Auch die Personalräte hatte ich bisher nur einmal kurz telefonisch gesprochen. Dann folgte das Angebot: Man ermöglichte mir eine Stelle in der Ermittlungsgruppe, bei der ich Teilzeit und komplett im Homeoffice würde arbeiten können. Eine absolute Sonderausnahme! Ich war bewegt. Somit war gewährleistet, dass das Geld für die Versorgung wieder ausreichend zu fließen begann und ich gleichzeitig die Alltagssituation zu Hause bewältigen konnte. Eine unfassbare Gebetserhörung! Nichts, wirklich gar nichts ist selbstverständlich, und ich bin so dankbar für diesen Arbeitgeber. Menschen, die mich gar nicht kannten, wurden durch unsere Situation bewegt und ermöglichten uns das beste und für unsere Situation hilfreichste Angebot.

Für mich erfüllten sich hier die folgenden Worte:

> Und [Jesus] sprach zu seinen Jüngern: Darum sage ich
> euch: Sorgt euch nicht um euer Leben, was ihr essen sollt,
> noch um den Leib, was ihr anziehen sollt. Das Leben ist
> mehr als die Speise und der Leib mehr als die Kleidung.
>
> *Lukas 12, Verse 22-23*

Wir starteten das Jahr 2022 also mit dieser unfassbaren Segnung, und gleichzeitig stabilisierte sich der gesundheitliche Zustand von Irina. So kehrte die lang ersehnte Selbstständigkeit für sie und uns als Familie zurück. Ende Januar 2022 erfolgte das nächste MRT. Zunächst sah alles gut aus, doch dann kam die Horrordiagnose:

Laut den Ärzten sah man auf dem MRT-Bild einen minimalen Tumor-Rand, der sich in einem inoperablen Bereich des Gehirns (im sogenannten Balken, also zwischen den beiden Gehirnhälften) befand.

Die Prognose: Ein Tumor dieses Grades wird bei (zwangsläufig) ausbleibender OP schnell massiv wachsen und damit zeitnah zum Tod führen. Wir waren bedient. Man erklärte uns, es stünde eine rasante gesundheitliche Verschlechterung vor uns, die sich insbesondere in Form von Übelkeit und Kopfschmerzen mit kognitiven Einschränkungen auswirken und über Bettlägerigkeit bis hin zu völliger Ermüdung und schließlich komatösen Phasen führen würde. „Wie schnell kann das geschehen?" Die Antwort: „Wenige Wochen, vielleicht ein paar Monate."

Das war's. Irina wird bald sterben.

Wirklich? Ist der Tod das Ende, und gibt es keine Hoffnung mehr? Nicht ganz. Der Glaube an Jesus Christus bewirkt eine Zuversicht, die wie eine unumstößliche Hoffnung in unseren Herzen verankert ist:

> Es ist aber der Glaube eine feste
> Zuversicht auf das, was man hofft,
> eine Überzeugung von Tatsachen,
> die man nicht sieht.
>
> *Hebräer 11, Vers 1*

Ich bin davon überzeugt, dass mit der unsichtbaren Tatsache das ewige Leben gemeint ist. Eine Tatsache, von der ich *nur* durch den Glauben an Jesus Christus wissen kann.

> Dies habe ich euch geschrieben, die ihr
> glaubt an den Namen des Sohnes Gottes,
> damit ihr wisst, dass ihr ewiges Leben
> habt, und damit ihr auch weiterhin an den
> Namen des Sohnes Gottes glaubt.
>
> *1. Johannes 5, Vers 13*

Wie ging es also weiter? Natürlich blendeten wir die Fakten nicht aus, und so stellten wir uns darauf ein, dass die Prognose eintreffen würde. Glaube macht nicht blind für die Realität. Aber bei der Perspektive „Und morgen Ewigkeit" gibt es „das war's" einfach nicht – *„ihr wisst, dass ihr ewiges Leben habt"*. Das Leben ging also weiter, und der Glaube bewirkte in uns Lebensfreude. Wenn wir am Ende sind, beginnen Gottes

Möglichkeiten erst. Dieses Versprechen ermutigte uns, den Kampf weiter anzugehen, nach dem Motto: *den Lauf vollenden, auf Jesus schauen!*

So kam Irina entgegen jeglicher ärztlichen Prognose weiter zu Kräften, und wir unternahmen Dinge, die sie so gern mit mir und Naomi machen wollte: Wir gingen in den Zoo und machten Ausflüge mit dem Fahrradanhänger – ja, Irina fuhr auch wieder Fahrrad! Gleichzeitig war es ihr wichtig geworden, mal wieder die Kollegen auf ihrer Arbeit zu sehen, und so statteten wir ihnen dort einen wunderschönen Besuch ab. Zwischendurch hatte Irina auch immer mal wieder Schwächephasen, die vieles durcheinanderwirbelten, doch größtenteils blieb ihr Zustand weiter stabil.

Lasst uns mit Ausdauer laufen in dem Kampf, der vor uns liegt, indem wir hinschauen auf Jesus, den Anfänger und Vollender des Glaubens.

Hebräer 12, Verse 1b-2a

So durften wir im Juni voller Dankbarkeit unseren dritten Hochzeitstag feiern, und keine der Prognosen hatte sich bewahrheitet. Wir fragten uns nur, was Gott wohl weiter vorhatte.

Ende Juni stand erneut ein MRT-Kontrolltermin an, und der sollte es mal wieder in sich haben.

Das Wartezimmer

Mal wieder saßen wir im Wartezimmer in der Ambulanz der Neurochirurgie. Wie oft hatten wir hier schon gesessen? Stets war es ein Warten auf das Ungewisse. Dann kam die Ärztin herein und eröffnete uns den Bildbefund des Kopf-MRTs. Wie befürchtet hatte sich der Tumor im Bereich des Balkens um ca. drei Zentimeter vergrößert. Das saß. Irina regte sich nicht; ich rang innerlich um Fassung. Die Ärztin fuhr fort: Wie schon im Januar gelte weiterhin, dass man hier nicht mehr operieren konnte. Es war doch paradox: Irina sollte einen so großen Tumor haben und saß trotzdem völlig normal da? Das schien auch die Ärztin zu irritieren, aber sie diagnostizierte dennoch den Tumor. Nebenbei äußerte sie, dass es nur noch eine minimale Wahrscheinlichkeit gäbe, dass es sich bei der Stelle auf dem Bild nicht um Tumor, sondern um totes und damit ungefährlicheres Strahlengewebe handelte (eine sogenannte Strahlennekrose[12]).

---

12 Als Strahlennekrose, auch Radionekrose genannt, bezeichnet man das durch die Einwirkung ionisierender Strahlung ausgelöste Absterben von Zellen eines Organismus. Radionekrosen sind die wichtigste und schwerwiegendste Komplikation radiochirurgischer

Sie schloss das allerdings aus, da Irina bereits seit einem Jahr nicht mehr bestrahlt worden war, und redete von einer Wahrscheinlichkeit von unter 1 %. Sie vertröstete uns dann damit, auf den Endbefund zu warten, und ließ uns allein im Wartezimmer zurück. Wir blickten uns an. Ich versuchte, in Ruhe noch mal zu erklären, was die Ärztin gesagt hatte, aber Irina hatte es bereits verstanden. Erst jetzt fiel es mir bewusst auf: Wir hielten uns die ganze Zeit fest an den Händen. Wir hatten auf eine bessere Nachricht gehofft – und jetzt das. Natürlich waren wir frustriert, und in mir tobten die Gedanken. *Was geht jetzt wohl in Irina vor?* Ich fragte sie still, ob alles okay sei. Sie nickte. Dann nahm ich sie in den Arm. *Halte sie ganz fest. Herr, schenke Trost!*

> Meine Zuflucht und meine Burg, mein Gott, auf den ich traue!
>
> *Psalm 91, Vers 2*

Wir wurden entlassen und fuhren wieder nach Hause. *Drei Zentimeter Tumor. Eine Todesdiagnose – wieder mal.* Der ungewöhnlich (noch) stabile Gesundheitszustand machte mich nervös, denn bei einem Tumor dieser Größe musste man sich jederzeit auf eine dramatisch schnelle Änderung ihres Gesundheitszustands einstellen. Es barg so viele Gefahren für Irina, und gleichzeitig stiegen auch die Risiken für Naomi. Ich spürte eine unfassbare Last und einen ungeheuren Druck. Wie sollte es denn jetzt weitergehen? In meiner Verzweiflung fragte ich Irina: „Was machen wir denn jetzt bloß?" Ihre Antwort haute mich um: „Wir warten, bis Naomi aufwacht, dann essen wir etwas und gehen einkaufen." Irina hatte völligen Frieden in ihrem Herzen. Sie dachte

---

Behandlungen, die meist erst Monate oder Jahre nach der Bestrahlung klinisch auffällig wird.
Quelle: *https://de.wikipedia.org/wiki/Strahlennekrose.*

nicht verzweifelt wie ich, sie dachte auch nicht an Morgen, sondern einfach nur an das Hier und Jetzt. Wenn sie doch an das Morgen dachte, dann nur an die Ewigkeit. Die Ewigkeitsperspektive hatte sich in ihrem Glauben verankert wie ein unerschütterlicher Fels. Ich war überwältigt und ermutigt zugleich. Irinas Umgang mit der Situation half mir sehr, mich selbst zu beruhigen. So konnte ich ihr im Alltag sorgloser und hilfreicher zur Seite stehen – trotz der hohen Ungewissheit bei dieser Diagnose. Dennoch war es ein Drahtseilakt, der unheimlich viel Kraft kostete.

Über eine Woche harrten wir so aus. Erst dann erfolgte der Rückruf der Ärztin, und sie eröffnete uns den unfassbaren Endbefund des MRT-Bilds. Sie hatte sich getäuscht. Es handelte sich doch nicht um einen Tumor, sondern um die minimal wahrscheinliche

> Unsre Seele harrt auf den HERRN;
> er ist unsere Hilfe und unser Schild.
>
> *Psalm 33, Vers 20*

Strahlennekrose. Ein Phänomen, das nur sehr selten und völlig unerklärbar auftritt. Ein Wunder. Das quittierte die Ärztin in etwa so: „Bei Ihnen ist aber auch so schon alles selten genug und unerklärbar. Kaum ein Mensch überlebt überhaupt auch nur ein einziges Rezidiv[13] (Tumornachwuchs). Sie haben bereits zwei Rezidive überlebt und jetzt auch noch das. Sie sind ein Wunder."

Wir waren sehr glücklich und dankbar für dieses Eingreifen Gottes, denn eins war klar: Die Ärzte waren längst mit ihrem Latein am Ende. Denn auch Ärzte wissen nicht alles, sie haben

---

13 Ein Rezidiv bei der Behandlung von Krebs wird meist durch eine unvollständige Entfernung des Tumors verursacht, die nach einiger Zeit zu einem erneuten Auftreten der Krankheit führen kann. Quelle: *https://de.wikipedia.org/wiki/Rezidiv*

das Leben nicht in der Hand und können nicht alles erklären. Aber Gott kann! Freudig und dankbar legte ich auf. Ich konnte es noch gar nicht fassen. Tränenüberströmt nahm ich Irina in den Arm und teilte ihr die Neuigkeiten mit.

Wir waren überglücklich, aber die letzten anderthalb Wochen waren heftig gewesen. Wir hatten Gespräche über Tod und Beerdigung geführt, bevor wir nun über dieses wunderbare Eingreifen Gottes staunen durften! Wir hatten uns abends gegenseitig unsere Ängste gestanden: ein drei Zentimeter großer Tumor, keine Möglichkeit zu operieren – jeden Moment hätte das für Irina kognitive Konsequenzen bedeuten können. Ich erlebte Tage, die sich wie Jahre anfühlten, denn Gott verlängerte uns in den ungewissen Tagen die gemeinsame Zeit unfassbar schön.

> Dieses eine aber sollt ihr nicht übersehen, Geliebte, dass ein Tag bei dem Herrn ist wie tausend Jahre, und tausend Jahre wie ein Tag!
>
> *2. Petrus 3, Vers 8*

Dieses Erlebnis zeigte uns aufs Neue, wie langmütig und gütig Gott doch ist, und auch, wie relativ die Zeit im Vergleich zur Ewigkeit ist. Gleichzeitig wurde uns nochmals deutlich, wie gut es bereits tat, über die Ängste vor dem Sterben zu reden und sie im Gebet bei Gott abzugeben. Diese Ängste sind da, aber im Glauben an Jesus unbegründet, denn er hat das letzte Wort:

> Fürchte dich nicht! Ich bin der Erste und der Letzte und der Lebende; und ich war tot, und siehe, ich lebe von Ewigkeit zu Ewigkeit, Amen! Und ich habe die Schlüssel des Totenreiches und des Todes.
>
> *Offenbarung 1, Verse 17c-18*

Aber wie so oft sollte auf die positive Nachricht leider sehr bald wieder eine schlechte folgen, die uns erneut in das Wartezimmer brachte. Doch zunächst eine kurze Zwischenbilanz: Irina hatte bereits sieben Operationen allein am Kopf hinter sich, und hierbei war ihr stets an derselben Stelle die Kopfhaut aufgeschnitten worden. Diese dünne und vernarbte Kopfhaut war mittlerweile sehr strapaziert, und darunter lag das eingesetzte Schädeldeckenimplantat. Ein Fremdkörper, der im Normalfall jahrelang keine Probleme verursacht.

Doch dann eines Abends im Bett der kurze Schock: Ihr Kopfkissen war nass. Offensichtlich kam Flüssigkeit aus ihrer Narbe am Kopf. Erinnerungen an das letzte Jahr wurden wach. Ich war zwar resilienter geworden und konnte inzwischen ruhiger auf solche Umstände reagieren. Doch hatte ich mir mittlerweile viel medizinisches Wissen angeeignet und wusste, dass das keine guten Vorzeichen waren. So mussten wir mal wieder zu Hause Wundversorgung betreiben. Die Erfahrungen der Vergangenheit halfen uns auch hier, und wir waren sicherer darin geworden. Mit Kompressen bekamen wir die Narbe wieder trocken, und Irinas Zustand hatte sich nicht verschlechtert. Aber die Lage blieb angespannt, und eines Morgens kam dann die bittere Erkenntnis: An der Stelle, wo die Flüssigkeit ausgetreten war, hatte sich ein kleines Loch gebildet, und ich konnte das darunter liegende Implantat sehen. Das bedeutete Lebensgefahr, und so kamen wir zunächst wieder in das Wartezimmer, wo man uns schließlich die schwer zu ertragende Konsequenz eröffnete.

Eine Wunde öffnet sich nicht grundlos, und man vermutete abermals einen Infekt unter der Schädeldecke. Also genau wie vor knapp einem Jahr. Des Weiteren bestand das Problem darin, dass das Implantat durch die frische Luft mit Keimen in Kontakt gekommen sein konnte. Es war also unbrauchbar und musste sofort operativ entfernt werden. Dabei war schon klar, dass diese OP dann auch sehr wahrscheinlich nicht die letzte sein würde. Denn Irina fehlte ja ein Stück ihrer Schädeldecke, und ohne Implantat zu leben bedeutete ein enormes gesundheitliches Risiko. Aber so weit konnten wir erst einmal gar nicht denken. Für Irina war diese Nachricht schlimm genug: wieder eine OP, wieder Ungewissheit. *Wie wird ihr Körper das wegstecken? Wird sie Schäden davontragen? Wird sie Lähmungen, Sprach- oder Gedächtnisverlust erleiden?* Dazu diese Ausweglosigkeit: *Würde man sie nicht operieren, würde der Infekt ihren Gesundheitszustand rapide verschlechtern und Irina zeitnah das Leben kosten.* Sie wusste das. Auch ich wusste das. Diese Ausweglosigkeit drängte mich innerlich an den Rand des Wahnsinns. Das Leben erschien auf einmal so sinnlos.

Man ließ uns mal wieder allein im Wartezimmer, während man im Hintergrund Abklärungen und Vorbereitungen für eine schnelle Operation traf. Diese Stille. Diese Ausweglosigkeit. Dieses Warten auf eine Situation, die man mit der Sinnhaftigkeit des Lebens nicht vereinbaren konnte. *Wie hält Irina das aus?* Meine eigene Hilflosigkeit zerriss mich innerlich, und es brach mir das Herz, dass meine Frau wieder einen solch schmerzhaften Eingriff vor sich hatte. Aber Irina blieb völlig ruhig. Sanft blickte sie mich an. Ich konnte es nicht fassen. Ihr Blick sagte eindeutig: *Es ist nicht schlimm, mach dir keine Sorgen, ich werde das ertragen.* Dann sagte sie leise: „Es ist alles okay." Ich richtete meine Gedanken auf Gott und dankte für den Frieden, den er ihr durch seine Sanftmut schenkte. *Sanftmut.*

Sanftmut wird im Deutschen fast immer mit einer bestimmten Wesensart in Verbindung gebracht. Sprich, jemand verhält sich gegenüber einem anderen besonders liebevoll. Das verweist auf das, was Gott bei Sanftmut im Sinn hat: Sie wird als eine Gabe Gottes bezeichnet. Hierbei wird einer Person Sanftmut attestiert. Das heißt, eine Person ist gegenüber einer Bedrängnis oder in einem schlimmen Umstand sanftmütig – nimmt die Sache also ruhig und gelassen in Kauf. Sie hat ein sanftes Gemüt.

Sanftmut. In unserer Situation

> Die Frucht des Geistes aber ist Liebe, Freude, Friede, Langmut, Freundlichkeit, Güte, Treue, **Sanftmut,** Selbstbeherrschung.
>
> *Galater 5, Vers 22*

erlebten wir sie wieder und wieder, sowohl Irina als auch ich, jeder auf seiner persönlichen Ebene. Auch die anderen Früchte des Geistes konnten wir so in den härtesten Situationen erleben, ganz besonders die Liebe. Gott half uns, die massiv belastenden Umstände kompromisslos anzunehmen und hierbei völlig auf ihn zu vertrauen. Insbesondere Irina nahm dadurch ihr Leid friedlich und ruhig an, wodurch wir gleichzeitig eine heilsame Abhängigkeit von Gott erlebten. Unsere Liebe zueinander stieg dadurch ins Unermessliche, und trotz unserer zerbrochenen Herzen schweißte Gott uns in unserer Ehe nur noch mehr zusammen. Seine Nähe zu uns war in diesen Situationen das Einzige, das uns unaussprechliche Hilfe gab.

> Der HERR ist nahe denen, die zerbrochenen Herzens sind, und hilft denen, die ein zerschlagenes Gemüt haben. Der Gerechte muss viel leiden, aber aus alledem hilft ihm der HERR.
>
> *Psalm 34, Verse 19-20 (Luther)*

Irina wurde nach der Abklärung stationär aufgenommen und im Verlauf des späten Abends zum achten Mal am Kopf operiert. Der Eingriff verlief ohne Komplikationen. Aber es sollte nicht das letzte Mal gewesen sein, dass unser Glaube in einem Wartezimmer auf ein sanftes Gemüt geprüft wurde.

Die Deadline

Wir schreiben den 27.07.2022. Irina war zwischenzeitlich, nach der Entfernung des Implantats, wieder aus dem Klinikum entlassen worden. Zeitgleich überschritt sie an diesem Tag mal wieder eine Deadline. Denn vor genau einem Jahr hatte man ganz vorsichtig eine Prognose zu Irinas Lebenserwartung geäußert. Damals hieß es, sie hätte unter den besten Bedingungen und aus medizinischer Sicht noch circa zwölf Monate zu leben. Damit hatte Irina bereits die zweite Frist eines Arztes überlebt. Natürlich kann kein Mensch der Welt, auch kein Arzt, den genauen Zeitpunkt unseres Abgangs vorhersagen. Aber das ist nicht der Punkt. Der Arzt sagte damals selbst, dass über den genauen Zeitpunkt nur der liebe Gott Bescheid wisse. Und das ist auch gut so. Der Punkt ist der: Wo findet man Tag für Tag seinen Frieden, wenn man auf eine solch realistische Deadline wie die unsere zurauscht? Die medizinische Einschätzung war ja nicht an den Haaren herbeigezogen. Wäre es da nicht gut, wenn man vor seinem Abtritt Klarheit hätte?

Ich erinnere mich an einen Film – ich weiß zwar nicht mehr, wie er heißt, und würde ihn hier auch nicht empfehlen wollen. Aber in dem Film ging es darum, dass durch einen Fehler in der „göttlichen Matrix" jedem Menschen sein genauer Sterbezeitpunkt eröffnet wurde. Plötzlich erschien über jedem Menschen eine sichtbare digitale Uhr mit einer auf die Sekunde genauen Ablaufzeit, die auch jeder andere Mensch sehen konnte. Von jetzt auf gleich war jedem Menschen klar, ob er oder sein Gegenüber noch wenige Minuten oder mehrere Jahre zu leben hatte. Ich habe diesen blasphemischen Film nie zu Ende gesehen und vorzeitig ausgemacht; aber du kannst dir sicherlich vorstellen, welche Reaktion dieses Ereignis bei den Menschen in diesem Film hervorgerufen hat. Plötzlich herrschte absolutes Chaos.

Stell dir vor, über dir erscheint diese digitale Uhr,
und du wüsstest dadurch von jetzt auf gleich, dass du
in 1 Minute und 52 Sekunden sterben wirst ...

Und jetzt in 1 Minute und 46 Sekunden ...
Und du kannst nichts daran ändern.

Noch 1 Minute und 41 Sekunden ...
deine Deadline ... die Uhr tickt.

Auch wenn dieses Horrorszenario in dem Film
eine reine Erfindung ist: Der Tod ist keine Erfindung!
Wir alle müssen sterben, und jeder Mensch hat eine Deadline.
Die Frage ist: Wie gehen wir damit um?

Noch 1 Minute und 22 Sekunden ...

Die meisten Menschen denken, sie müssten ihr Leben mit irgendetwas füllen, und beschäftigen sich so gut wie gar nicht mit dem Tod. Aber womit soll ein Mensch sein Leben füllen, …

… wenn er nur noch 1 Minute und 9 Sekunden zu leben hat?

Ich sage nicht, dass man sein Leben nicht mit sinnvollen und schönen Dingen füllen kann oder soll. Aber eine Perspektive, die den Tod dabei ausblendet oder auf einen weit entfernten Zeitpunkt rückt, ist, mit Verlaub, nicht besonders clever. Noch mal: Niemand kann seinen genauen Sterbezeitpunkt wissen.

… Aber was ist, wenn es in 48 Sekunden so weit ist?

Ist das nicht beunruhigend? Ich möchte hier keine Ängste schüren; ich denke, ich selbst weiß gut genug, dass Gedanken über den Tod äußerst beunruhigend sein können. Aber wäre es nicht gerade deswegen vernünftiger, sich frühzeitig mit der unausweichlichen Realität des Todes zu beschäftigen? Insbesondere weil wir nicht genau wissen, wann es uns selbst trifft?

… Noch 24 Sekunden …

Lehre uns bedenken, dass wir sterben müssen,
auf dass wir klug werden.

Psalm 90, Vers 12 (Luther)

Es gibt eine einfache Vorgehensweise, mithilfe derer man die Ungewissheit über das Leben nach dem Tod beruhigen kann: Bedenke einfach, dass du sterben musst – es wird dich klug machen.

Die letzten Sekunden ... 3, 2, 1 ...

Eine realere Deadline als bei meiner Frau Irina habe ich in meinem Umfeld noch nie erlebt. Aber ich habe auch noch nie einen solch ruhigen Frieden gesehen, trotz dieser realen Deadline. Einen Frieden, der allein aus der Gewissheit über das Leben nach dem Tod resultierte. Hoffnung – jeden Tag aufs Neue. Den Tod vor Augen, aber in den Augen Hoffnung: ewiges Leben.

> Wahrlich, wahrlich, ich sage euch: Wer mein Wort hört und dem glaubt, der mich gesandt hat, der hat ewiges Leben und kommt nicht ins Gericht, sondern er ist vom Tod zum Leben hindurchgedrungen.
>
> *Johannes 5, Vers 24*

Man muss vom Tod zum Leben hindurchdringen, und schon gibt es Klarheit über das Leben nach dem Tod. Jeder, der an Jesus glaubt, wird leben, auch wenn er stirbt. Gott hat uns in seinem Sohn ewiges Leben gegeben. Wer an den Sohn Gottes glaubt, der hat das Leben. Jeder, der das glaubt – und wir glaubten das –, wird in Ewigkeit nicht mehr sterben. Durch den Glauben bekommt man die Gewissheit darüber, dass man vom Tod zum Leben hindurchgedrungen ist. In anderen Worten: Man erkennt plötzlich den Sinn des Lebens und bekommt einen unvorstellbaren Frieden und eine bislang nicht gekannte Ruhe, obwohl man auf eine reale Deadline zugeht. Christen nennen das „Heilsgewissheit". Das ist echte Hoffnung.

Eine Hoffnung, die bei den auf uns zukommenden Ereignissen auch nötig war und jegliche Vorstellungskraft sprengen sollte. Denn wir erhielten leider bald eine deutlichere Deadline denn je.

Aber ich vertraue auf dich, o HERR; ich sage:
Du bist mein Gott! In deiner Hand steht meine Zeit.

Psalm 31, Verse 15-16a

Miterlebt – logopädische Hausbesuche

Seit der Geburt von Naomi und den darauffolgenden massiven Eingriffen an Irinas Kopf hatte sie bis zu ihrem Tod enorme Sprachprobleme. Zu Beginn dieser Einschränkung kämpften wir zudem gegen den seelischen Trümmerhaufen an, der durch den Einfluss der Heilungsströmungen bei Irina hinterlassen worden war. Wir baten Gott verzweifelt um Hilfe, und er führte uns treu in eine neue Gemeinde als unser neues geistliches Zuhause, wodurch er beide Bereiche – die logopädischen und die seelischen Probleme – mit einer Person löste: Christa. Sie war eine echte Gebetserhörung für uns. Neben der logopädischen Therapie kümmerte sie sich hingebungsvoll um das geistliche Wohl Irinas und erwies ihr dadurch einen sehr wertvollen und heilsamen Dienst. Sie tröstete und ermutigte Irina, sie weinten und lachten gemeinsam, sie nahmen sich in den Arm, und vor allem beteten sie miteinander. Bei ihren logopädischen Hausbesuchen bekam Christa hautnah mit, wie falscher geistlicher Einfluss und eine todbringende Krankheit einen Menschen schinden können. Aber sie durfte auch erleben, wie gütig Gott Heilung an Geist, Körper und Seele

schenkt und wie der Glaube einen durch das Leid hindurch-
tragen kann. Bei Irina gebrauchte Gott hierzu in erster Linie
diese gläubige Schwester.

> Brüder, wenn auch ein Mensch von einer Übertretung
> übereilt würde, so helft ihr, die ihr geistlich seid,
> einem solchen im Geist der Sanftmut wieder zurecht. ...
> Einer trage des anderen Lasten, und so sollt ihr das
> Gesetz des Christus erfüllen!
>
> *Galater 6, Verse 1a+2*

Die nachfolgenden Zeilen hat unsere liebe Schwester und Logopädin Christa im August 2022 selbst geschrieben:

Eines Sonntagabends im Februar 2021 rief mich eine jüngere Freundin ganz aufgelöst an und musste ihre Neuigkeiten über einen vollkommen unerwarteten Kaffeebesuch loswerden (vgl. Seite 82). Eine ehemalige Bekannte, frische Mutter von einer Tochter, mit dreimal operiertem Hirntumor und sehr ausgeprägten Sprachproblemen, war zusammen mit ihrem Mann auf der Suche nach einem neuen Ort, wo sie ihren Glauben an Jesus Christus in Gemeinschaft mit anderen Menschen leben könnten.

„Christa, das ist was für dich! Kann ich der Familie deine Nummer weitergeben?" Meine Reaktion war erst einmal verhalten, da sich die Kostenübernahme für meine logopädischen Hausbesuche nicht immer ganz unkompliziert darstellte – je nachdem, wo die Patienten versichert waren. Doch gleichzeitig wusste ich tief in meinem Herzen: Diese Familie würde von meinen Besuchen profitieren, das hier war eine mir von Gott gegebene Aufgabe.

So sagte ich meiner Freundin schließlich, dass ich erst noch im Gebet vor Gott darüber nachdenken und beten wollte, um Gewissheit zu bekommen und gegebenenfalls Unklarheiten im Vorfeld abzuchecken. Als ich dann von Gott grünes Licht hatte, meldete ich mich umgehend bei Martin, um mit ihm die organisatorischen Dinge abzusprechen.

Anfang März saß ich Irina zum ersten Mal in ihrem Wohnzimmer am Esstisch gegenüber. Sie war sehr erwartungsvoll bezüglich der logopädischen Therapie, ansonsten aber eher emotionslos und niedergeschlagen, mitgenommen von den anstrengenden Wochen, die hinter ihr lagen. Anamnese, Diagnostik, Kennenlernen, Therapieerwartungen und Organisation füllten die nächsten Begegnungen, und Martin musste seine Frau sehr oft unterstützen. Mir wurde schnell klar, dass ich bei Flemmings als selbstständige Logopädin in einer

Doppelfunktion war: zum einen die Sprachtherapie, zum anderen aber auch Lebensbegleitung (fachlich, praktisch, seelisch, geistlich) – unabhängig davon, wie alles ausgehen würde. Dazu kam, dass sie sich inzwischen zu unserer Gemeinde hin orientierten, wodurch eine zusätzliche Verbindung entstand.

So hatten wir rasch eine entspannte Beziehung aufgebaut, um konzentriert und individuell therapeutisch arbeiten zu können. Die Teilnahme am Leben zu optimieren steht für mich dabei entscheidend im Fokus. Bei Irinas lebensbedrohlicher Prognose war es mir daher sehr wichtig, dass sie für ihre kleine Naomi eine schriftliche „Hinterlassenschaft" verfasste. So entstand der Gedanke, ihr Leben in einem Bericht festzuhalten. Nach vier Monaten war es uns gelungen!

Während unserer Spontansprachübungszeit teilte Irina immer wieder ihre Gedanken zu ihrem gesundheitlichen und inneren Ergehen mit mir (sprachlich eine enorme Herausforderung, die nicht immer gelang). Es flossen Tränen. Es blieben offene Fragen. Es wurde gemeinsam gebetet. Es wurde getröstet. Es wurden viele Verse aus der Bibel vorgelesen. Es wurde geschwiegen. Und es wurde gelacht; wir hatten uns beide einfach gern!

Jede neue gesundheitliche Veränderung war sofort in der Sprache und Konzentrationsspanne zu bemerken, und ich lebte diese vielen Schwankungen und Ungereimtheiten innerlich im Gebet mit – konnte ich doch beobachten, wie sehr auch Martin damit zu kämpfen hatte. Er brauchte dringend Mittragen und Rückhalt für den unberechenbaren Alltag, den er mit Ruhe, Gefasstheit, Deeskalation, rationalem Umgang und pragmatischem Situationsmanagement „schaukeln" durfte, weil Gott ihm die Fähigkeit dazu gab. Diesen Rückhalt erbaten mein Mann und ich bei Gott für die Flemmings. Wenn wegen Krankenhausaufenthalten Therapien ausfielen, schrieb ich ihnen immer wieder Worte aus der Bibel, die mich selbst ermutigten und meinen Blick von Irinas prekärer Lage hin auf Jesus Christus richteten, der selbst gelitten hatte, für meine Verfehlungen gestorben war, auferstand und jetzt im Himmel vor Gott, dem Ewigen, für mich eintritt – und genauso für Irina!

Ab Herbst 2021 veränderte sich Irinas Sichtweise zu ihrer Situation. Sie wurde ruhiger, gefasster und hatte Frieden, da sie so oft Gottes Eingreifen erleben durfte. Natürlich war sie weiterhin traurig, dass bei ihr immer wieder medizinische Ungereimtheiten auftraten ...

Es ist erstaunlich, aber während unserer gemeinsamen Wegstrecke hatte Irina stets ein Auge für die anderen und machte ihnen eine Freude durch kleine Aufmerksamkeiten, Geburtstagsgeschenke oder Anrufe. Sie beschämte mich durch ihre Lebenspraxis, im „Hier und Jetzt" zu leben. In den dunklen Momenten ließ sie sich oft durch diesen Vers ermutigen:

> Darum sollt ihr euch nicht sorgen um den morgigen Tag; denn der morgige Tag wird für das Seine sorgen.
>
> *Matthäus 6,34*

Dazu muss ich aber auch betonen, dass Martin durch seinen umsichtigen Umgang mit Irinas Zustand ihr die Sicherheit gab, sich um nichts kümmern zu müssen!

Im Frühjahr 2022 wurde es Irina immer wichtiger, eine Beziehung zu ihrer Tochter Naomi aufzubauen, Nähe zu bekommen, ihre Mutterliebe weiterzugeben. Das gemeinsame Spielen mit Naomi und die Verbesserung der sprachlichen Interaktion mit ihrer Tochter machten Irina Mut auf diesem Weg. Auch „lasen" wir in den Therapien mit Naomi Bilderbücher, regten ihre Sprachentwicklung an und übten, ein adäquates Sprachvorbild zu sein. Welche Freude, als Naomi Ende Juni zum ersten Mal „Mama" zu Irina sagte!

Um Martin während seiner Arbeitszeit ein wenig zu unterstützen, bauten wir auch hin und wieder Alltagsbeschäftigungen in die Therapie ein: Rezepte aufschreiben, Einkaufszettel zusammenstellen, gemeinsam ein Mittagessen vorbereiten, alles versprachlichen – In-vivo-Therapie eben. Irina lernte dadurch auch, sich von Reizüberflutung oder Multitasking abzugrenzen, was ich auch außerhalb der Therapiezeiten beobachten konnte. Mit Einschränkungen zu leben: Das übte Irina täglich.

Mich begeistert, dass Irina und Martin sich offen und kommunikativ mit ihrer Situation auseinandersetzen. Das ist so selten zu erleben und macht es Therapeuten leichter, wenn man den Fakten ungeschönt ins Auge sehen und mit den Patienten wahrhaftig umgehen kann. So nahm ich immer wieder Themen als Therapieinhalte auf, die für Irina gerade wichtig waren: Erziehungsfragen, Ehethemen, Umgang mit Angst und Unbehagen, Loslassen oder Bibeltexte, zu denen sie Fragen hatte. Wir beteten füreinander und für andere Menschen.

Gott erfüllt, was in Psalm 145, Verse 8-9.17-20a steht:

> *Gnädig und barmherzig ist der HERR,*
> *geduldig und von großer Güte.*
> *Der HERR ist gütig gegen alle,*
> *und seine Barmherzigkeit waltet über allen seinen Werken. ...*
> *Der HERR ist gerecht in allen seinen Wegen*
> *und gnädig in allen seinen Werken.*
> *Der HERR ist nahe allen, die ihn anrufen,*
> *allen, die ihn in Wahrheit anrufen;*
> *er erfüllt das Begehren derer, die ihn fürchten;*
> *er hört ihr Schreien und rettet sie.*
> *Der HERR behütet alle, die ihn lieben.*

Irinas Vater im Himmel erhörte viele gemeinsame Gebete, gab Bewahrung und schenkte vor allen Dingen Besserung – trotz finsterer Prognosen. Er schickte Hilfe von außen, ließ Naomi sich altersentsprechend entwickeln und richtete für Martin einen Homeoffice-Job ein (vgl. Seite 128) – genau an meinem Geburtstag, das war mein größtes Geschenk! Außerdem ermöglichte Gott mir eine Minijob-Anstellung, sodass wir in der Sprachtherapie weiterhin zusammenarbeiten können.

Für mich – ich komme während der gesunden Phasen zweimal in der Woche zu Flemmings – ist es eine Bereicherung, mitzuerleben, wie Gott die beiden ausstattet, trägt und verändert. Ich bin sehr dankbar dafür, dass ich an allem Schweren teilhaben darf und mich in dem üben kann, wozu Gott mich auffordert:

> Wohlzutun und mitzuteilen vergesst nicht; denn solche Opfer gefallen Gott wohl!
>
> *Hebräer 13,16*

Zum Schluss möchte ich noch einige Gebete und Aussagen Irinas aus meinen Therapieaufzeichnungen weitergeben:

Juni 2021: „Ach, Herr, ich wünsche mir tiefe Geborgenheit, alles andere ist mir egal. Du weißt, was mein Herz berührt. Amen."

Juli 2021: „Ja, Herr, ich weiß nicht, was ich beten soll. Dir allein ist die Macht. Ja, bitte. Ja."

August 2021: „Gib mir die Zuversicht, dass ich nicht mit Irrglauben hinweggetragen werde."

November 2021: „Ich habe Frieden zu gehen."

*Januar 2022: „Meine zwei Lieblingsmenschen
sollen stark sein und treu bleiben."*

April 2022: „Ich mach mir Sorgen um Martin."

*Juni 2022: „Ich freue mich, Jesus zu sehen.
Aber ich bin auch traurig wegen meinen Liebsten.
Naomi sagt seit gestern ‚Mama'."*

*August 2022: Ergehen im Krankenhaus: „Ich bin allein,
aber geborgen, getragen. Die Schmerzen sind nicht gut."*

Mein Gebet für Irina und Martin mit ihrer kleinen Naomi ist,
dass sie erleben dürfen, was in Psalm 84,5-9 beschrieben wird:

> Wohl denen, die in deinem Haus wohnen; sie preisen dich
> allezeit! Wohl dem Menschen, dessen Stärke in dir liegt,
> wohl denen, in deren Herzen gebahnte Wege sind! Wenn
> solche durch das Tal der Tränen gehen, machen sie es zu
> lauter Quellen, und der Frühregen bedeckt es mit Segen.
> Sie schreiten von Kraft zu Kraft, erscheinen vor Gott in
> Zion. HERR, Gott der Heerscharen, höre mein Gebet; du
> Gott Jakobs, achte darauf!

Christa Matthäus im August 2022

Bis dass der Tod euch scheidet

Nach der letzten Entlassung aus dem Krankenhaus stand mal wieder eine Antibiotikabehandlung an, und aufgrund des hohen gesundheitlichen Risikos sollte bei Irina Ende August erneut ein Schädeldeckenimplantat eingesetzt werden. In der Zwischenzeit erlebten wir starke Stabilitätsschwankungen. Der Alltag wurde immer mehr von zunehmenden Symptomen begleitet, die man nicht mehr richtig in den Griff bekam. Vieles wurde enorm instabil und ungewiss, die Umstände änderten sich täglich – mal positiv, mal negativ. Manchmal wusste ich nicht, was in drei Stunden passieren würde, und manchmal genossen wir als Familie einfach drei Stunden Zeit miteinander. Manchmal saß Irina auch einfach nur da, konnte nicht einmal mehr aufstehen und schlief dann auch bald ein. Schmerzen am ganzen Körper und Kopf sowie Übelkeit mit Erbrechen und plötzlichem Nasenbluten wurden von extremen Schwächephasen und komatösem Schlaf begleitet. Die Last wurde immer schwerer und die Lage immer prekärer. Irina konnte bald nicht mehr, und in dieser Phase sagte sie einmal zu mir: „Ich hoffe, ich schaffe es noch bis zur OP." Sie war erschöpft, aber ihr Wille war eisern und ihr Glaube stabil. Ich war einfach für sie da, ermutigte sie und packte an, wo es ging. Während dieser Zeit merkten wir: Stabilität entsteht nur durch Gottes Führung – und das vor allem in unserer Ehe. So vergegenwärtigte Gott uns gerade in dieser Phase, wie er uns zu einer Einheit gemacht hatte. Paulus spricht von einem „großen Geheimnis", und wir durften wirklich die Wahrheit dieses Wortes erleben.

> „Deshalb wird ein Mann seinen Vater und seine
> Mutter verlassen und seiner Frau anhängen,
> und die zwei werden ein Fleisch sein."
> Dieses Geheimnis ist groß.
>
> Epheser 5, Vers 31-32a

Fest und unauflöslich miteinander verbunden – durch Christus.
Diese Liebe ist unsere Stabilität – Jesus. Er hält uns zusammen,
lässt uns alles durchstehen und versorgt uns dort,
wo wir es am dringendsten brauchen – am Herzen.

Jesus Christus ist unsere Hoffnung, und der Glaube an ihn macht uns dankbar. Wir hatten uns, wir hatten Naomi, wir hatten eine tolle Familie, tolle Freunde und die Gemeinde. Wir hatten tolle Arbeitgeber, Menschen, die uns im Haushalt oder rechtlich unterstützten. Wir hatten andere Christen, die uns geistlich getragen haben – sowohl persönlich als auch im Gebet. So blickten wir aus den grausamen Umständen heraus dankbar und hoffnungsvoll in die Zukunft. Diese von Gott geschenkte Stabilität war das Einzige, das Irina die nötige Kraft gab, um in die nächste Operation am Kopf zu gehen.

So wurde ihr erneut ein Schädeldeckenimplantat eingesetzt, was zunächst auch für die erhoffte gesundheitliche Stabilität sorgte. Doch dann überschlugen sich die Ereignisse. Ein paar Tage nach der OP trat Blut aus der Wunde aus. Die Folgen: mehrere Notfallsituationen, angespannte Krankenhausbesuche und immer wieder Wundkontrolle. Wir kamen an unsere Grenzen. Irgendwann stellte sich dann die bittere Erkenntnis ein: Die Haut am Kopf war zu dünn. Sie wuchs nicht nur nicht mehr zusammen, sondern die Wunde heilte auch nicht mehr, und die Narbe begann, sich wieder zu öffnen. Die Ärzte wussten nicht mehr weiter und konnten nichts mehr für uns tun. Jede Entlassung fühlte sich so an, als würde man uns einfach unserem Schicksal überlassen. Diese Handlungsunfähigkeit, gepaart mit den massiv lebensbedrohlichen Umständen, führte zu frustrierender Hilflosigkeit.

Gleichzeitig kam eine erschreckende neue kognitive Einschränkung hinzu: Irina verlor jegliches Zeitgefühl. Ohne Uhr konnte sie nicht mehr sagen, wie spät es war. Das brachte allerdings ein noch größeres Problem mit sich: Durch den Verlust der zeitlichen Orientierung verloren wir die Kontrolle über ganz normale, alltägliche Dinge. Das fiel mir jedoch erst auf, als Irina mehrmals ohne Grund über längere Zeiträume nicht mehr aus dem Bad zurückkam. Anfangs führte das zu Verwirrung, denn zusätzlich konnte Irina sich durch ihre Sprachprobleme nicht mehr erklären. Ich befand mich in ständiger Alarmbereitschaft, denn die Erinnerungen an ihren ersten epileptischen Anfall auf der Toilette kamen hoch. Aber jedes Mal, wenn ich nach ihr sah, war „alles in Ordnung". Dann duschte sie plötzlich überdurchschnittlich lange, und wenn ich sie nach dem Grund fragte, wusste sie überhaupt nicht, wie lange sie unter der Dusche gestanden hatte. Sie hatte einfach kein Zeitgefühl mehr, und dadurch nahm sukzessive ihre Selbstständigkeit ab.

Das machte den Alltag zusätzlich enorm schwer. *Komm mal pünktlich zu wichtigen Terminen und mach dabei keinen Druck auf die sterbenskranke Patientin. Und dann bleib bitte gelassen, wenn du in der pünktlichsten Gesellschaft der Welt wegen deiner Verspätung angeschnauzt wirst!* Der blanke Horror, und zusätzlich ging die gesundheitliche Talfahrt weiter nach unten. Das führte schließlich dazu, dass Irina das Implantat notfallmäßig wieder entfernt wurde. Die zehnte Operation am Kopf – und davon drei allein in den letzten acht Wochen. Aber es sollte auch ihre letzte gewesen sein.

Es war der 14. September 2022. Die Operation zwei Tage zuvor war ohne Komplikationen verlaufen, und ein für Oktober angesetztes MRT wurde vorgezogen. Anlass dafür waren die immer stärker werdenden Symptome und vor allem die zusätzlichen kognitiven Einschränkungen. Man brauchte jetzt Klarheit mithilfe einer Bildgebung, und schließlich war es so weit. Ich war bei Irina im Krankenzimmer, und die Ärzte kamen herein. Ich bemerkte sofort, dass etwas nicht stimmte. Nach über zwei Jahren Behandlung kannte ich die Ärzte mittlerweile, und sie kannten mich. Ihre Blicke gingen zu Boden, sie wichen meinen Blicken aus. „Wie geht es Ihnen?", fragte der Chefarzt Irina. Keine Diagnose, keine medizinischen Aussagen – nur Fragen zu ihrem Wohlbefinden. Irina wirkte unbekümmert. Schwach, aber lächelnd wie immer sagte sie, dass es ihr gut gehe. Ich freute mich, ihre Stimme zu hören. Die kognitiven Einschränkungen bewirkten leider auch wieder, dass sie nicht mehr so viel sprechen konnte. Dann sah der Chefarzt mich an und bat mich, mit nach draußen zu kommen. Ich wusste sofort, was los war. Es handelte sich um eine umsichtige Handlung und eine Vorsichtsmaßnahme. Vor der Tür bestätigte er meine Intuition. Vorsichtig und ruhig erklärte er mir den Bildbefund des MRT. Es war ein vier Zentimeter großer Tumor nachgewachsen. Über den Balken hatte der Tumor äußerst aggressiv vom linken auf den rechten Hirnlappen gestreut. Das war's, die Ärzte waren am Ende. Eine OP war nicht mehr möglich, und so empfahlen sie eine Palliativversorgung – Sterbebegleitung. „Es tut mir leid, ich wünsche Ihnen und Ihrer Frau nur das Beste", waren die Abschiedsworte des Arztes. Dann ließ er mich allein.

Ich rang um Fassung. Zugleich spürte ich aber irgendwie auch eine Erleichterung. Die letzten Wochen waren nicht nur hart und gefährlich gewesen, sondern hatten auch ständig Ungewissheit hinterlassen, und Irina war längst am Ende ihrer Kräfte. Jetzt waren wenigstens diese Ungewissheit und dieser Operationswahnsinn vorbei. Ich ging zurück ins Zimmer. Irina lächelte mich an. Natürlich, sie freute sich. Wie immer, wenn wir uns sahen. Ich lächelte zurück. Liebe schien den Raum zu erfüllen, und Irina war nach wie vor völlig unbekümmert. Ich ging ans Fenster und blickte in den Himmel. *Gott, wie geht es weiter?* Dann setzte ich mich neben Irina und nahm ihre Hand. Ich erklärte ihr ruhig, was der Arzt mir gesagt hatte. Sie blickte mir tief in die Augen. Wieder lächelte sie, und ihr Blick blieb unbekümmert. Sie schien ebenfalls erleichtert und nahm es gefasst auf. Sie liebte Jesus, Jesus liebte sie, sie fürchtete sich nicht. Sie und ihr Leben gehörten Jesus – das Beste, was ihr geschehen konnte.

Sie trug das Leid, ähnlich wie Jesus selbst es getragen hatte: Mal wieder hatte sie es ohne Murren angenommen. Sie folgte Jesus nach, ohne

> Meine Schafe hören meine Stimme, und ich kenne sie, und sie folgen mir nach; und ich gebe ihnen ewiges Leben, und sie werden in Ewigkeit nicht verlorengehen, und niemand wird sie aus meiner Hand reißen. Mein Vater, der sie mir gegeben hat, ist größer als alle, und niemand kann sie aus der Hand meines Vaters reißen.
>
> *Johannes 10, Verse 27-29*

mit der Wimper zu zucken. Sie folgte ihrem HERRN, und er brachte sie ans Ziel.

Irinas Blick und ihre Fassung beruhigten mich. Sie strahlte Sorglosigkeit aus – keine Furcht, nur Glaube und Hoffnung. Das ermutigte mich sehr. Ja, es entfachte regelrecht ein Feuer in mir, und ein unbändiger Wille stieg in mir auf. *Meine geliebte Frau soll bald sterben? Das wird mich nicht davon abhalten, sie zu lieben und für sie da zu sein, und zwar mit allem, was ich habe!* Irina spürte das, und wir nahmen uns lange und liebevoll in den Arm. Wir beteten zum Abschied, denn leider musste ich sie erst einmal im Krankenhaus zurücklassen und die nötigen Dinge für eine Palliativversorgung zu Hause abklären. Aber nur, um sie zwei Tage später zu überraschen und meine Liebe zu ihr noch mal ganz speziell zum Ausdruck zu bringen. Vor ein paar Wochen hatten wir uns dazu entschieden, ihren Ehering vollständig mit Edelsteinen besetzen zu lassen. Ursprünglich war der Plan gewesen, ihr jedes Jahr zum Hochzeitstag einen neuen Stein einsetzen zu lassen. Doch inzwischen sahen wir unsere Ehe als komplett an und wollten den Ring entsprechend früher vollständig besetzen lassen. Mittlerweile war der Ring fertig, und so beschloss ich, meine Frau „nochmals" zu heiraten. Sie wusste ja von dem Ring – dennoch war sie ganz überrascht, als ich am Krankenbett mit dem Ring noch einmal um ihre Hand anhielt. Ganz glücklich sagte sie wieder „Ja". Nach der Lebensübergabe an Jesus war das die beste Entscheidung, die ich je getroffen hatte: um die Hand dieser bezaubernden Frau anhalten. Ich würde es immer wieder tun!

Dieses großartige Geschenk: meine liebe Ehefrau. Gott hatte uns so zusammengeschweißt und eins gemacht. Um keinen Preis der Welt wollte ich in unserer Situation den Platz als Ehemann von Irina gegen irgendetwas anderes eintauschen. So wie ich es vor Gott versprochen hatte, wollte ich immer für meine Frau da sein, auch wenn es das Letzte war, was ich tat, und es mich mein Leben kosten würde. *„Bis dass der Tod uns scheidet"* und *„so wie Jesus mich geliebt hat"*!

> Ihr Männer, liebt eure Frauen, gleichwie auch der Christus die Gemeinde geliebt hat und sich selbst für sie hingegeben hat.
>
> *Epheser 5, Vers 25*

Ich nahm mir vor, die kommende Zeit, so gut es ging, positiv für Irina und unsere Tochter Naomi zu gestalten. Hierzu reiste Irinas Mutter für eine dauerhafte Unterstützung an. Als die palliativmedizinische Versorgung für unser Zuhause stand und Irinas Werte passten, wurde sie schließlich aus dem Krankenhaus entlassen. Wir wussten, dass uns nun eine der schwierigsten und mitunter auch dunkelsten Zeiten bevorstand.

> ... und der Weg ist schmal, der zum Leben führt.
>
> *Aus Matthäus 7, Vers 14*

Das Tal der Todesschatten

Ein schmaler, dunkler Weg, der sich zwischen den Bergen hindurch-schlängelt. Ein Tal. Eigentlich kann sich jeder etwas darunter vorstellen. Klar ist jedoch, dass nicht jedes Tal gleich aussieht und dass nicht jeder dieselbe Vorstellung davon hat. Aber die meisten würden zustimmen, dass sich ein Tal unten befindet und am besten von oben betrachtet werden kann. Jeder kennt solche Ausdrücke wie „Talfahrt", „es geht steil bergab" oder „durch ein tiefes/dunkles Tal gehen", und die meisten assoziieren damit richtigerweise etwas Schwerwiegendes und Belastendes. Das liegt unter anderem auch daran, dass viele Menschen den 23. Psalm aus der Bibel kennen, in dem es heißt:

> Und ob ich schon wanderte im finstern Tal ...
>
> *Vers 4 (Luther)*

Ähnlich wie bei dem Begriff „Hiobsbotschaft" (vgl. Seite 44) kann man sofort sinngemäß erfassen, dass es sich bei einem solchen Tal um eine unfassbar heftige und schlimme Situation handelt und dass der Weg, auf dem man durch dieses Tal wandert, sehr, sehr schmal und finster ist. Irina und ich waren bereits seit Längerem in einem solchen Tal, und die nachfolgende Schilderung unserer Erlebnisse wird die unfassbare Tiefe dieses Tals der Todesschatten und die Härte des Weges deutlich aufzeigen. Auch wenn es paradox klingt, machten wir genau dieselbe Erfahrung, mit der der vierte Vers aus Psalm 23 fortgesetzt wird:

> Und ob ich schon wanderte im finstern Tal,
> **fürchte ich kein Unglück.**

„*Kein Unglück*" – wir fürchteten uns nicht. Dabei ist eine Sache jedoch ganz wichtig zu verstehen: Unsere Befreiung von Furcht lag nicht darin begründet, dass wir besonders mutig und stark oder ganz besonders tolle Gläubige gewesen wären. Nein, ganz im Gegenteil: Wir hatten durchaus Ängste und waren völlig am Ende. Die Furchtlosigkeit trotz des drohenden Unglücks lag darum ganz allein daran, dass wir nicht allein waren.

> Und ob ich schon wanderte im finstern Tal,
> fürchte ich kein Unglück;
> **denn du bist bei mir ...**

Wir hatten nur deshalb keine Furcht und überstanden all die Last, weil da jemand ganz Besonderes bei uns war. Jemand, der uns unvorstellbar viel und wie kein anderer Trost, Kraft und Liebe gab. Jemand, der uns durch das komplette Tal durchtrug. Dieser besondere Jemand, der da bei uns war, ist der, mit dem fast jeder den berühmten Psalm 23 in Verbindung bringt:

> Der HERR ist mein Hirte.
>
> *Psalm 23, Vers 1 –*
> *der wertvollste Vers der Bibel.*

Dieser HERR ist Jesus selbst, und er ist die ganze Zeit bei uns gewesen. Er gab uns die Kraft, völlig absurde – sowohl körperliche als auch seelische – Schmerzgrenzen zu überschreiten. Nur durch seine Hilfe konnten wir die Dinge, die uns widerfuhren und die jegliche Vorstellungskraft sprengten, ertragen.

> Und ob ich schon wanderte im finstern Tal,
> fürchte ich kein Unglück;
> denn du bist bei mir,
> **dein Stecken und Stab trösten mich.**

All das führte zu einer unerschütterlichen Standhaftigkeit und zu einem Beharren auf seine Gnade. Etwas, das nur er bewirken konnte: unser Hirte – der Herr Jesus, wie er es auch von sich selbst sagt:

> Ich bin der gute Hirte.
>
> *Johannes 10, Vers 11a*

Charles Spurgeon schreibt in seiner Auslegung zu Psalm 23 einen schönen Gedanken: „Einer hat gesagt, wo Schatten sei, da müsse auch Licht sein."[14]

Der Tod wirft seine dunklen Umrisse auf die gesamte Menschheit. In den Situationen, die wir nun seit drei Jahren erlebten, hatten wir das besonders intensiv empfunden. Aber wenn der HERR, der sich selbst „das Licht der Welt" nennt (vgl. Johannes 8, Vers 12), unser Hirte ist, dann kommt in diese dunkle Szene sein göttliches Licht hinein. Irina und ich durften diesen Hirten kennenlernen und ihm unser Leben anvertrauen. So war er bereits unser Herr, als das Krankheitsleiden seinen Anfang nahm, und wir konnten das vor uns liegende Tal der Todesschatten gemeinsam durchschreiten – im Schein göttlichen Lichts.

---

14 Charles H. Spurgeon: *Die Schatzkammer Davids. Eine Auslegung der Psalmen von C. H. Spurgeon.* Bielefeld: Christliche Literaturverbreitung 2004; S. 318.

Zum Thema Licht und Schatten schreibt Spurgeon ab-
schließend: „Der Schatten eines Hundes kann nicht beißen."[15]

Der Tod und das Sterben sind für uns Menschen nicht
schön, aber für einen Christen sind sie nur „der Schatten eines Hundes". Der Tod kann uns letztendlich nichts tun. Paulus schreibt triumphierend:

> Verschlungen ist der Tod in Sieg.
> Wo ist, Tod, dein Sieg?
> Wo ist, Tod, dein Stachel?
>
> *1. Korinther 15, Verse 54b-55*

Ich werde in den letzten Kapiteln das Tal, durch das wir gegangen sind, aus zwei Perspektiven beschreiben: einerseits aus
der Vogelperspektive, andererseits aus der Perspektive, mit der
ich bis zum Schluss durch dieses Tal der Todesschatten hin-
durchgegangen bin – bis zur Pforte des Himmels. Aber ich war
niemals allein, denn

Der HERR ist mein Hirte.

Es kommt also nicht nur auf die Perspektive an, sondern auch
darauf, ob der HERR mein Hirte ist. Deswegen ist das der
wertvollste Vers der Bibel. Der HERR muss *mein* Hirte sein.

---

15 Ebd.

Glücklich sein

Irina und ich machten kurz vor der letzten Entlassung aus dem Klinikum einen Spaziergang auf dem Klinikgelände. Sie war gut bei Kräften und genoss die wenigen Spätsommer-Sonnenstrahlen bei kühlen Herbsttemperaturen. Ich fragte sie, wie sie sich als frisch verheiratete Frau fühle, und wir lachten und amüsierten uns darüber. Auf dem Klinikgelände waren gerade überall Baustellen, und so mussten wir einmal einen etwas abenteuerlichen Trampelpfad nehmen. Dabei führte ich meine schwache Frau an der Hand, und sie balancierte über einen Balken. Durch diese Aktion erinnerten wir uns an eines unserer ersten Dates, das auch etwas abenteuerlich gewesen war: den Klettergarten (vgl. Seite 11–12). Irina hatte sich damals beim Klettern in mich verliebt, und das, obwohl ich die Rechnung für das Essen danach nur für mich allein bezahlt hatte. Ja, ich war schon eine ziemliche Herausforderung, und auch in anderen Bereichen offenbarte ich Irina eigentlich nur Baustellen für eine Beziehung. Ich hielt mich damals für beziehungsunfähig, war frisch geschieden, hatte Geldprobleme und einen Berg voller Sorgen. Ich war am Ende, fühlte mich wie ein wandelnder Fehler und wollte eigentlich in irgendeine Therapie gehen. Aber Irina sah damals wie heute nur auf mein Herz und sagte: „Du kannst bei mir in Therapie gehen." Seither hatte sie mich in all meinen Fehlern liebevoll unterstützt und mir geholfen, ein anständiger Ehemann zu sein.

> Eine tugendhafte Frau – wer findet sie? Sie ist weit mehr wert als die kostbarsten Perlen! Auf sie verlässt sich das Herz ihres Mannes, und an Gewinn mangelt es ihm nicht.
>
> *Sprüche 31, Verse 10-11*

„*Eine tugendhafte Ehefrau*": Das war sie wohl, und so blickte sie mich jetzt auch wieder an, mit denselben verliebten Augen wie damals. Wir waren einfach glücklich. Es hatte in unserer Beziehung auch andere Phasen gegeben, als noch das eigene Ego regierte. Deswegen hatten unsere Liebe und unsere Beziehung bis dato nur durch Gott Bestand. Er war es, der uns zu dieser Einheit gemacht hatte; es war seine Liebe. Er war es auch, der uns diese schönen Momente in dieser unfassbar grausamen Krankheit schenkte. Er war das Band, das uns zusammenhielt.

> Über alles aber zieht an die Liebe, die da ist das Band der Vollkommenheit.
>
> *Kolosser 3, Vers 14 (Luther)*

Diese Liebe führte uns zu der Vollkommenheit, die ich hier als „glücklich sein" bezeichne. Es ist ein Glück, das nicht von dieser Welt ist. Es besteht nicht aus Wohlstand oder Reichtum, aus der Partnerschaft oder anderen Menschen, aus der Gesundheit oder dem perfekten Leben – was auch immer jeder für sich darunter verstehen möchte. Vollkommenes Glück resultiert auch nicht aus den eigenen Umständen, und es ist auch kein Gefühl oder etwas Materialistisches. Es misst sich nicht daran, wer du bist, was du fühlst oder was du alles hast.

Nein, wahres Glück äußert sich darin, dass es dir an nichts mangelt, egal, wie du dich gerade fühlst, und das unabhängig von deinem Besitz oder deinen Umständen. Glücklich zu sein ist nicht irdisch, nicht von dieser Welt, sondern göttlich – in Vollkommenheit mit Gott (und dadurch auch als Ehepaar) verbunden zu sein.

Dieses Glücklich-Sein erfuhren Irina und ich immer intensiver, gerade dann, als alles eigentlich auf das Gegenteil hindeutete. Diese Tatsache wurde mir besonders gegenwärtig, als wir später einmal im Auto saßen und ich sie fragte, ob ihr eigentlich irgendetwas fehle. Sie antwortete darauf:

„Nein, ich habe alles, was ich brauche. Ich bin glücklich."

Ein todkranker Mensch wie meine Frau, die vermeintlich nichts mehr vom Leben hatte – nicht vollständig Mutter sein konnte, nicht mehr Auto fahren durfte, nicht mehr arbeiten konnte, andauernd auf fremde Hilfe angewiesen war, nicht mal wusste, wie lange ihr Gehirn noch funktionieren würde, die Einschränkungen ohne Ende und den Tod ständig vor Augen hatte –, dieser todkranke Mensch war ohne Mangel glücklich. Sie hatte alles, was sie brauchte. Sie war vollkommen mit etwas erfüllt, das jegliches irdische Glück übersteigt. Diese Erfüllung, dieses Glücklich-Sein ist es, wonach sich so viele Menschen sehnen: ein Leben, in dem es dir an nichts mangelt und du völlig zufrieden bist – egal, wie deine Umstände gerade sind. Diesen innerlichen Frieden gibt es nur bei Jesus. Irinas Glücklich-Sein war nicht irgendein Gefühl, es war der hoffnungsvolle Ausdruck ihres Glaubens, bewirkt durch Jesus in ihr. Es war die Wirkung ihrer Hoffnung auf ein Leben danach, resultierend aus der Gewissheit über ihr Heil in Christus.

Hoffnung: auf ein Leben in Fülle, ein ewiges Leben. Mit diesem echten Frieden im

> Christus in euch,
> die Hoffnung der Herrlichkeit.
>
> *Kolosser 1, Vers 27b*

Herzen bemühte ich mich natürlich trotzdem auch weiterhin um das seelische Glück Irinas. Die Herausforderung bestand darin, den durch die vielen Termine getakteten und stressigen Alltag sowohl für Irina als auch generell für uns als Familie so positiv wie möglich zu gestalten. Eine Möglichkeit waren Überraschungen, und so entführte ich Irina einmal ins Planetarium unserer Stadt. Als wir uns kennengelernt hatten, hatte sie den Wunsch geäußert, dort einmal hinzugehen. Sie liebte den Sternenhimmel, und wir hatten schon oft romantische Momente auf unserem Balkon oder bei Spaziergängen gehabt, in denen wir einfach nur in den Sternenhimmel geblickt hatten. Also hatte ich ihr zu Weihnachten einen Gutschein fürs Planetarium geschenkt, und nun war es dran, ihn einzulösen. Es war eine tolle Vorstellung, und wir staunten über Gottes Größe, die im Universum sehr schön deutlich wird.

> Er zählt die Zahl der Sterne und nennt sie alle mit Namen. Groß ist unser Herr und reich an Macht; sein Verstand ist unermesslich.
>
> *Psalm 147, Verse 4-5*

Nach der Vorstellung ruhten wir uns etwas aus, um für das Abendprogramm fit zu sein. Denn da kam schon die nächste Überraschung: Freundinnen aus ihrer Heimat. Die Damen reisten abends an, und wir gingen in ein japanisches „Erlebnis-Küchen"-Restaurant. Wir hatten viel Spaß, gutes Essen und kamen erst spät ins Bett. Irina war richtig glücklich, und ihre Freundinnen blieben noch einen weiteren Tag. Sie kamen zu uns nach Hause, und wir plauderten bei Kaffee und Kuchen.

Es war eine gelungene und abwechslungsreiche Begegnung, über die alle Beteiligten erfreut und dankbar waren.

Balsam für die Seele – und Anfang Oktober durfte Irina eine weitere Überraschung erleben: ein Hubschrauber-Rundflug über unsere schöne Stadt Augsburg. Wie war es dazu gekommen?

Als sich Irinas kognitiver Zustand zwischen den letzten OPs verschlechterte, entdeckte sie eine Funktion bei Google Maps ganz neu für sich: die Satellitenansicht. Es faszinierte sie, unser Wohnviertel und die gesamte Stadt von oben zu betrachten. Als es ihr dann im Krankenhaus nicht so gut ging, entdeckte ich auf ihrem Handy zufällig eine geöffnete Webseite mit Hubschrauber-Rundflügen. Mir kamen damals die Tränen. Ich erinnerte mich sofort an die Abende, an denen sie mit ihrem Handy über die Stadt „flog", und wusste sofort, dass sie das sehr gern einmal machen würde. Aber zu diesem Zeitpunkt sah alles danach aus, als wäre sie dazu bald nicht mehr in der Lage. Gleichzeitig wurde mir ihre Sehnsucht nach dem Himmel bewusst. Sie wollte wissen, wie die Welt „von oben" aussieht. Ich weiß noch, wie ich meine Tränen vor ihr versteckte und aus dem Fenster Richtung Himmel blickte. Im Herzen bat ich Gott, uns das zu schenken, und nahm mir fest vor, Irina diesen Wunsch bei nächster Gelegenheit zu erfüllen. Gott kannte unsere Wünsche ganz genau und erfüllte sie uns ...

> Er gebe dir, was dein Herz begehrt, und lasse alle deine Vorhaben gelingen!
>
> *Psalm 20, Vers 5*

So nahm die Geschichte ihren Lauf, und ich flog mit Irina und ihrer Mutter im Hubschrauber über die Stadt. Irina hatte so wenig Wünsche. Auch als ich sie mal fragte, ob sie noch etwas unbedingt machen wollte, antwortete sie wie damals im Auto:

„Nein, ich bin wunschlos glücklich."

Verpflegung und Versorgung

Mit der letzten Diagnose war Irina ein Fall für die spezialisierte ambulante Palliativversorgung – kurz SAPV. Ambulant bedeutet zu Hause, doch war das nicht die einzige Möglichkeit, weshalb ich den Hintergrund dieser Entscheidung kurz erklären möchte.

Ich war längst mit Patientenverfügung und Vorsorgevollmacht ausgestattet, um für alle Situationen eine Entscheidung treffen zu können – auch über Irinas Kopf hinweg. Sie war kognitiv längst nicht mehr fähig, formelle Sachverhalte vollkommen zu erfassen und eine verantwortliche Entscheidung zu treffen. Es lag also an mir, wie es in der letzten Phase weitergehen sollte. Dabei standen zwei Optionen zur Wahl.

Option eins: In der Klinik gab es eine Palliativstation. *Man könnte Irina dort stationär aufnehmen, und sie wäre damit dauerhaft unter medizinischer Beobachtung. Vorteil wäre, dass man dem sehr hohen Risiko eines epileptischen Anfalls stark vorbeugen würde, was viel Sicherheit und gesundheitliche Stabilität bringen würde. Ärzte und Pfleger wären rund um die Uhr da, Medikamente könnten ohne Verzögerung verabreicht werden. Eigentlich nur Vorteile. Aber die*

Konsequenz? Nun: Naomi und ich dürften nur begrenzt zu Besuch kommen, und ein Kind im Alter von einem Jahr und neun Monaten kann nicht die ganze Zeit ruhig auf der Bettkante sitzen. Keine Zweisamkeit, keine anständige Familienzeit mehr. Jeden Abend müsste ich nach Hause fahren, ohne zu wissen, was am nächsten Morgen mit meiner Frau wäre. Nein, Option eins ist keine wirkliche Option für uns. Ich schaute Irina in die Augen. Sie war zwar kognitiv eingeschränkt, verstand aber alles, und auch ich verstand sie ohne Worte. Wir lächelten uns an. Tiefe Vertrautheit machte sich breit – keine Ängste, keine Sorgen. So sah ich die Ärzte an und sagte freimütig: „Wir werden das zu Hause machen!"

Also Option zwei: Wir würden die Situation gemeinsam als Familie zu Hause meistern, und die SAPV würde uns dabei unterstützen. Das bedeutete ein erhöhtes Risiko wegen der Epilepsiegefahr; ich musste alle pflegerischen Tätigkeiten übernehmen, trug die Verantwortung für die Überwachung der Medikamenteneinnahme und noch für viele andere Dinge, die damit auf mich zukamen – eigentlich nur Nachteile. Die Beweggründe? Nun: *Es sind die letzten Momente, in denen Irina mich und ihre Tochter erleben kann – und andersherum. Naomi ist in all die Umstände hineingeboren und darin aufgewachsen, und ich habe bisher sowieso schon jede Minute verantwortet.* Wir wollten es so und vertrauten auf Gott, dass er uns auch jetzt führen und versorgen würde. *Wieso auch sollte sich daran etwas ändern?* Uns beiden war klar, dass es auch mit den göttlichen Führungen ein enorm kräftezehrender Akt sein würde, bei dem sich Irina und Naomi zu 100 % auf mich verlassen können mussten. Irina verlangte das nicht von mir, aber das musste sie auch nicht. Ich wusste, ich würde weit über meine Grenzen hinausgehen müssen, mehr denn je zuvor. Aber ich war bereit, und Irina vertraute mir blind. Wir würden das schaffen, denn ich glaube an einen Gott, der mich als Mann geschaffen hat und mich weiterhin befähigen würde.

Stärke und Mut: Das strahlten wir auch aus, und so gab es für die SAPV keinen Grund, uns die Palliativstation des Klinikums zu empfehlen. Sie unterstützten uns vielmehr, ermutigten uns,

> Habe ich dir nicht geboten, dass du stark und mutig sein sollst? Sei unerschrocken und sei nicht verzagt; denn der HERR, dein Gott, ist mit dir überall, wo du hingehst!
>
> *Josua 1, Vers 9*

die ganze Situation zu Hause zu schaukeln, und waren ab sofort mit im Boot. Das alles führte zu einem tiefen Frieden über die Entscheidung, und im Nachhinein betrachtet war es auch die richtige. Außerdem war ich nicht ganz unvorbereitet. Lange im Voraus hatte ich einen Plan für Essenshilfe und Kinderbetreuung genau für diese Situation geschrieben und in einer Schublade aufbewahrt. Ich wusste: *Im Ernstfall wird es auf eine gemeinsame Unterstützung von gewissen Menschen ankommen.* Neben unseren Familien, Kollegen und Freunden konnte ich mich dabei insbesondere auf eine Personengruppe verbindlich verlassen: unsere Gemeinde.

Ich aktivierte eine Gruppe von Kollegen und Freunden, die uns den Großteil unserer Einkäufe für den täglichen Bedarf abnahm, und trommelte Christen aus meiner Gemeinde zusammen. Wir teilten die Aufgaben auf, und eine liebe

> Und wenn ein Glied leidet, so leiden alle Glieder mit; und wenn ein Glied geehrt wird, so freuen sich alle Glieder mit.
>
> *1. Korinther 12, Vers 26*

Schwester aus der Gemeinde erklärte sich bereit, die Koordination dafür zu übernehmen – Sophia. Bis dahin war mein Plan bloße Theorie gewesen, wobei ich nicht vorhersehen konnte, dass Sophia auch noch ein unfassbares Talent für diese Aufgabe hatte. Innerhalb kürzester Zeit stellte sie aus weiteren

Christen ein Koch-Team zusammen, das uns gezielt mit Essen belieferte und uns bei der Betreuung von Naomi unterstützte. So konnte ich mich schwerpunktmäßig um Irina und Naomi kümmern, wobei beinahe täglich frische Essenslieferungen bei uns zu Hause ankamen und wir uns nur noch um Kleinigkeiten selbst kümmern mussten.

Sophia selbst schildert diese Zeit und die Entstehung des Kontakts folgendermaßen:

Im Frühling 2021 traf ich im Gottesdienst zum ersten Mal diese wunderbare kleine Familie. Ich stellte mich Irina vor. Wir verstanden uns auf Anhieb und hatten ein sehr gutes und langes Gespräch miteinander. Sie erzählte mir von ihrer Herkunft, ihrer Krankheit und ihrer Leidensgeschichte. Ich war sprachlos und zu Tränen gerührt. Ich dachte: *Unfassbar, was diese Familie alles durchgemacht hat! Aber gleichzeitig welch ein Segen, dass sie schwanger werden und Naomi zur Welt bringen durfte.* Schon während dieses ersten Gesprächs bemerkte ich, dass ihr aufgrund der Krankheit nicht alle Wörter einfielen. Sie entschuldigte sich in ihrer freundlichen Art jedes Mal dafür. Ich streichelte sie am Arm und sagte: „Du brauchst dich nicht zu entschuldigen, ich habe Zeit und höre dir gern zu." Als wir uns verabschiedeten, schienen sich meine eigenen Sorgen in Luft aufgelöst zu haben.

Anderthalb Jahre später kam Martin in unserer Gemeinde auf mich zu und fragte mich frei heraus: „Sophia, würdest du mal für uns kochen?" Ich sagte gleich mit einer großen Freude im Herzen zu. Dann fragte er mich, ob ich das zusammen mit anderen regelmäßig machen und die Koordination dafür übernehmen würde. Auch das tat ich gern.

Wir waren ein Team aus sieben Helferinnen und belieferten die Familie an drei Tagen in der Woche. Martin bekam jeweils einen Wochenplan, auf dem Uhrzeit und Lieferer vermerkt waren. Im ständigen Austausch

> Befiehl dem HERRN deine Werke, und deine Pläne werden zustande kommen.
>
> *Sprüche 16, Vers 3*

wurde auf Unverträglichkeiten, die Größe der Portionen und Irinas Zustand geachtet. Wir versuchten, auf alle Bedürfnisse zu achten, um ihnen und auch Martins Schwiegermutter eine Last abzunehmen. Eine Freundin sagte: „Endlich können wir etwas tun und stehen nicht einfach nur daneben." So konnten wir mit großer Freude helfen und wurden ein eingespieltes Team, wofür wir nur Gott danken und ihn ehren können.

Trotz dieser großartigen Versorgung taten sich unweigerlich weitere Schwierigkeiten auf, die ich nicht mehr allein stemmen konnte. Die schwankenden Symptome und der andauernde Wundheilungsprozess nach der letzten Operation führten uns ständig in Grenzsituationen. Insbesondere die Wunde am Kopf, die lange nicht richtig verheilte, machte immer wieder Probleme. Flüssigkeit trat aus, Fäden konnten nicht gezogen werden, ständig herrschte Infektionsgefahr. Das wiederum zog zahlreiche Klinikbesuche nach sich, wodurch Irina ständig Strapazen ausgesetzt war. Stetig nahmen auch solche Symptome zu, die insbesondere bei Patienten mit tödlichen Tumorerkrankungen auftreten. Irina hatte zunehmend Schmerzen am ganzen Körper, Bauchkrämpfe, Übelkeit, Ganzkörper-Schwäche, Schwindel, Müdigkeit. Vor allem aber litt sie an den kognitiven Störungen wie Sprachproblemen, gestörtem Zeitempfinden, Orientierungslosigkeit und Verwirrtheit. Die Beschwerden traten in unterschiedlicher Intensität und unkontrolliert, zugleich aber regelmäßig und häufig gemeinsam auf. Die Masse und die Häufigkeit dieser Symptome bezeichnet man dann als „Symptomlast". „Last" deshalb, weil die Symptome kaum noch mit Erfolg (im Sinne von Heilung) behandelt werden können und weil sie für gewöhnlich mehr zu- als abnehmen. Durch die steigende Symptomlast rollten also sehr gefährliche Situationen auf uns zu.

Symptomlast

Irina saß mit ihrer Mutter und Naomi zu Tisch, als Naomi plötzlich panisch „Mama?" ausrief. In diesem Moment betrat ich das Zimmer. Jetzt schrie auch noch Irinas Mutter erschrocken auf: Irinas Gesicht war verzerrt, und sie stöhnte. *Oh nein, sie hat einen epileptischen Anfall! Fokus, jetzt muss es schnell gehen!* Schon im nächsten Moment verkrampfte Irina stöhnend und sah dabei apathisch nach rechts oben. *Gleich kippt sie vom Stuhl.* Ihr Oberkörper verkrampfte, ihre Hände schlugen unkontrolliert gegen den Tisch, und sie rutschte weiter vom Stuhl. Diese Geräuschkulisse: das krampfhafte Stöhnen von Irina, das panische Geschrei von Naomi und meine schockierte Schwiegermutter. Ich legte sofort den Schalter um. *Sie darf nicht runterfallen – wenn sie sich den Kopf aufschlägt, war's das!* Also sprang ich die wenigen Meter zu Irina hin und fing sie gerade noch rechtzeitig auf. Ich wuchtete sie mit aller Kraft zurück in den Stuhl und schrie zu meiner Schwiegermutter: „Krampfanfall! Bring Naomi hier raus!" Ich nahm kurz Naomis entsetztes Gesicht wahr. Sie weinte und wimmerte zittrig: „Mama?"

„Oma, Naomi muss hier weg!" Jetzt reagierte Irinas Mutter und packte sich Naomi. „Konzentriere dich. Notfallnummer! Ruf die SAPV an!", rief ich ihr hinterher, während sie den Raum verließ. Und dann nahm der Anfall an Fahrt auf.

Halt sie fest, noch ist sie steif vom Krampf. Es ist nicht unser erster Anfall, und ich weiß, was als Nächstes kommt. Meine Muskeln spannten sich automatisch an, ich umklammerte Irina fest am Oberkörper – und schon ging der Anfall erst so richtig los. Wie bei einem Zugriff umklammerte ich sie, presste sie fest an mich und schob mich hinter sie. So war ich eingequetscht zwischen dem Stuhl, auf dem sie vor mir am Tisch saß, und der Wohnzimmerwand hinter mir. Sie bäumte sich auf, ihre Arme und Beine zappelten völlig unkontrolliert. *Halt sie fest, sie darf nicht vom Stuhl rutschen, und ihr Kopf darf nirgends anschlagen. Halte durch, halte durch, es ist gleich vorbei,* presste ich leise heraus, während Irina mit zusammengepressten Zähnen weiter laut stöhnte. *Wann trifft Hilfe ein? Irinas Mutter hat Naomi, sie kann mir nicht helfen. Ich kann Irina kaum noch halten, und der Krampf wird immer heftiger. Die Gefahr steigt, dass wir stürzen.* Ich presste die gesunde Seite ihres Kopfes an meine Schulter. Dabei nahm ich das Risiko in Kauf, dass sie mich aus Versehen biss. *Es hilft alles nichts, zur Not bringe ich sie kontrolliert zu Boden. Wie bei der Arbeit, wenn einer massiven Widerstand leistet.* Die monatelange Ausbildung machte sich gerade bezahlt. Wie oft hatte ich schon betrunkene Randalierer zu Boden gebracht und überwältigt? Allerdings waren diese Kämpfe selten ohne Verletzung ausgegangen, und ich kämpfte hier nicht mit einem Störenfried, sondern um das Leben meiner Frau. Ich war mit meinen Kräften fast am Ende. Dann aber wurden meine Notgedanken unterbrochen: Die Zuckungen ließen langsam nach. Sie entspannte sich. *Aufpassen, jetzt folgt das andere Extrem!* Irina sackte mit ihrem gesamten Körpergewicht in sich zusammen. *Noch mal volle Kraft, sie darf mir nicht aus den Händen gleiten!* Ich fing sie auf und stabilisierte sie im Stuhl. *Geschafft!* Ich lockerte den Griff, und Gott sei Dank war der Anfall wenige Sekunden später vorüber. Ich war völlig erschöpft; die Anspannung ließ nach. Ich fing an zu weinen. Irina sammelte sich. Dann starrte sie mich verwirrt an. Ich hasste diesen grausamen Moment nach dem Anfall. *Wie geht es ihr, wird sie jetzt ein Fall für die Maschinen sein? Reiß dich zusammen, sie kommt weiter zu sich.* Es klingelte.

Der zwischenzeitlich verständigte Notdienst der SAPV traf mit den nötigen Medikamenten ein. Die Sanitäter verschafften sich schnell einen Überblick. Irina sah panisch um sich, und ihre Pupillen zuckten wild umher. Aber sie wurde schnell ruhig. *Der erste Schock ist vorbei, das Gröbste überwunden, doch wie geht es ihr?* Sie kam nur langsam zu sich, aber das Wichtigste war: Sie war kaum verletzt. Ihre Hände und Füße schmerzten etwas, da sie mehrfach unvermeidbar gegen den Tisch gestoßen war. Aber das waren in dem Moment die geringsten Sorgen. Ihr Blick war nach wie vor trüb, sie wirkte benebelt. Dann begannen die Medikamente zu wirken. Langsam klarte ihr Blick auf, und ihre Sprache kehrte etwas zurück. „Alles in Ordnung, was ist passiert?", fragte der Palliativ-Arzt. Aber Irina konnte sich an nichts erinnern. Wir stellten ihr keine weiteren Fragen, ihr Gehirn hatte gerade deutlich mehr als nur einen Streifschuss abbekommen, und wir wollten keine weitere Störung verursachen. Die Devise: *Fremdreize für das Gehirn vermeiden.*

Der Arzt der SAPV war umsichtig und professionell und blieb noch etwas bei uns, um ein paar Dinge zu besprechen. Seit über einem Jahr hatte es keinen Anfall mehr gegeben, was ungewöhnlich lange war. Dennoch schätzte der Arzt die Lage durchaus kritisch ein. Schließlich war die Symptomlast innerhalb kürzester Zeit massiv gestiegen, und es blieb abzuwarten, was als Nächstes drohen würde. Noch war nicht klar, wo und wie viel Schaden durch den Anfall entstanden war und wie es danach weitergehen würde. Doch wie wir bereits geahnt hatten, zeigte sich schon bald ein körperlicher Schaden: Irina konnte nicht mehr allein aufstehen. Gemeinsam konnten wir sie etwas führen, aber zur Sicherheit holten wir den Rollstuhl aus dem Keller. Das Sitzen auf einem normalen Stuhl oder freies Laufen waren nur erschwert möglich, aber vor allem in Bezug auf ihre eigene Sicherheit nicht mehr zu verantworten. Ab sofort waren wir also auf einen Rollstuhl angewiesen.

Alles in allem blieb Irina bewahrt, und wir waren dankbar, dass nichts Schlimmeres passiert war. Ein Sturz oder ein Schlag auf die Stelle am Kopf ohne Schädeldecke – nicht auszudenken. Der Anfall und die Medikamente machten sie müde, und so brachte ich sie ins Bett. Wieder einmal war die Lage völlig ungewiss und angespannt.

Ich war dankbar für die hohe Professionalität, die seitens der SAPV ausgestrahlt wurde und spürbar Ruhe reinbrachte. Seit dem Anfall hatten wir eine engmaschige Kontrolle mit regelmäßigen Telefonaten und Hausbesuchen. Wir dokumentierten Irinas Gesundheitszustand und tauschten uns intensiv aus. Das Ziel: eine angemessene Betreuung für Irina und eine deutliche Steigerung ihrer Lebensqualität. Lange hatte ich mich nach dieser professionellen Unterstützung gesehnt, und nun wurde dieser Wunsch durch den hingebungsvollen Einsatz dieser Menschen endlich erfüllt! Große Hochachtung machte sich in mir breit, und ich war einfach nur dankbar. Das beruhte offensichtlich auf Gegenseitigkeit, wie unser Spezialarzt mir rückmeldete. Dabei kamen mir die Tränen. Der Arzt konnte es ja nicht wissen, aber ich hatte mich all die Monate nach einem ehrlichen Feedback gesehnt. Ich wollte wissen, ob ich aus medizinischer Sicht die Dinge „richtig" machte. Durch die fehlende Rückmeldung schwelte stets eine latente Unsicherheit in mir, und der massive Druck der Verantwortung war omnipräsent. *Ich bin kein Arzt und habe keinerlei Erfahrung. Aber ich bin Irinas Mann und will alles geben. Wie kann ich Irina nur angemessen beistehen?*

An vielen Abenden hatten mich diese Fragen und Zweifel auf die Knie gebracht, und ich hatte immer wieder nur dieses Gebet gebetet:

„Vater, schenk mir die Kraft, meine Frau zu lieben mit allem, was ich habe, und hilf mir, ein Ehemann nach deinem Willen für sie zu sein. Ich bin schwach und weiß oft nicht weiter, ich kann nicht mehr. Ärzte versagen, und der Mensch hat längst aufgegeben. Aber du, allmächtiger Gott, bist treu. Unser Vertrauen liegt nur in dir. Hilf mir, standhaft zu bleiben und ein wohlgefälliger Beistand für Irina zu sein! Amen.“

Das Feedback des Arztes, als ich mich bei ihm für seine Arbeit bedankte, lautete nun sinngemäß:

„Nein, wir sind Ihnen dankbar. Wer bei einem Krampfanfall so reagiert wie Sie, ist ein Profi. Sie haben gerade Ihre Frau gerettet, und ich brauche Ihnen nicht zu sagen, was zu tun ist. Sie machen das schon lange genug mit, und ich denke, sie ist sehr glücklich, dass Sie an ihrer Seite sind. Machen Sie einfach weiter wie bisher, Sie vereinfachen unsere Arbeit sehr, und je weniger wir hier sind, umso besser.“

Diese Worte drangen direkt bis an mein Herz. *Was für ein Feedback, was für eine Ermutigung!* Manchmal nutzt Gott Umstände und Menschen, um direkt zu uns zu sprechen und uns zu helfen. Ich dankte Gott für diese Menschen und dafür, dass er mich mit allem ausstattete, was nötig war, um weiter für Irina da sein zu können. *Der HERR ist meine Stärke.*

> Aber der HERR ist meine sichere
> Burg geworden, mein Gott der Fels,
> bei dem ich Zuflucht gefunden habe.
>
> *Psalm 94, Vers 22*

Instabile Stabilität

> Der HERR ist meine Stärke und mein Schild;
> auf ihn traut mein Herz und mir ist geholfen.
> Nun ist mein Herz fröhlich, und ich will ihm
> danken mit meinem Lied.
>
> *Psalm 28, Vers 7 (Luther)*

Nach dem Anfall war vor dem Anfall. Irina war nun motorisch etwas eingeschränkter, und ihr Körper wurde weiter geschwächt. Für diesen Fall hatten wir vorgesorgt, und so standen im Keller schon Duschhocker und Rollstuhl bereit (vgl. S. 178). Ich war immer nur sehr ungern an den Geräten im Keller vorbeigegangen und hatte gehofft, dass wir sie nie brauchen würden. Aber nun sollten sie uns den Alltag enorm vereinfachen, und Irina war froh über diese Hilfsmittel. Sie bemerkte selbst, dass Laufen, Stehen und Sitzen bereits sehr anstrengend und gefährlich für sie waren. Ihre wackeligen Bewegungsabläufe stellten eine sehr große Sturzgefahr dar, doch durch die Hilfsmittel verspürte sie wieder eine größere Sicherheit. Aus dieser

Sicherheit heraus konnte sie besser von A nach B kommen, und wir hatten weniger Sorge, dass sie unbeaufsichtigt stürzen würde.

Auf der anderen Seite waren da noch die kognitiven Fähigkeiten. Es war direkt nach dem Anfall deutlich, und unsere Logopädin Christa bestätigte das Bild: Irina hatte enorme Einschränkungen, was Sprache, Schrift, Lesen und Konzentration betraf. Aber gleichzeitig war es nicht das erste Mal, dass Irina solch heftige Einschränkungen hatte und sich dennoch zurückkämpfte. Dabei half insbesondere die umsichtige Christa. Logopädie dient vor allem dazu, vorhandene Fähigkeiten zu fördern. Gerade hierfür war unsere liebe Christa genau die richtige Ansprechpartnerin. Denn zu ihren herausragenden Fähigkeiten kamen auch noch ihre große Berufserfahrung sowie die bisher schon stattgefundene lange Begleitung Irinas. Irina und Christa waren dadurch mittlerweile sehr gut aufeinander eingespielt und hatten schon sehr viel miteinander durchgemacht. Trotz Rückschlägen über Rückschlägen gaben sie niemals auf und feierten immer wieder Erfolge. Das Wichtigste dabei war: Beten! Gott hilft. Beide fassten einfach Mut, es weiter anzupacken. Das machte mich sehr dankbar. Christas Dienst schweißte uns alle noch enger zusammen und förderte die Alltagsstabilität. (Näheres zur Logopädie und Christa siehe Seite 145–152.)

Alles instabil stabil eben. Wir hatten enorme Einschränkungen, aber zugleich auch irgendwie glückliche Umstände. Außerdem funktionierten Essen und Trinken – alles mit liebevoller Unterstützung –, und Irina hatte zur Abwechslung mal keine Schmerzen. Trotz der massiven Symptomlast war sie nur auf ganz wenige Medikamente angewiesen, was wirklich ein Segen war. Zusätzlich half ihr der Familienalltag sehr, und so konnten wir wohldosiert Dinge unternehmen oder

Freunde einladen. Naomi fand den Rollstuhl klasse, sodass wir zu dritt durch die Wohnung schossen. Es waren nun die kleinen Dinge, die uns Freude bereiteten, und trotz des Horrors des epileptischen Anfalls war Irina weiterhin sehr glücklich.

Auf diese Weise machte sie trotz der hohen Instabilität wieder Fortschritte, und von heute auf morgen stabilisierte sich auf wundersame Weise ihre Gesamtverfassung. Die Logopädie sorgte für kleine Lichtblicke, und Irina probierte, wieder zu lesen und zu schreiben. Gleichzeitig bemerkte ich bei meinen unterstützenden Tätigkeiten, dass sie auch körperlich wieder zu Kräften kam. So beobachteten wir von Tag zu Tag: Irina blieb stabil. Eines Tages wollte sie nach draußen gehen, und so gingen wir in den Hof, um mit Naomi und den Nachbarskindern zu spielen. Alle waren angespannt, nur Irina schien völlig entspannt zu sein. Sprache, Motorik: Alles blieb über mehrere Tage stabil. *Ein Wunder,* und so konnte ich Mut fassen und erhöhte wieder den Radius unserer Freizeitaktivitäten.

Zwischenzeitlich wurde uns auch wieder leckeres Essen gekocht und für uns eingekauft, was uns den Alltag zusätzlich enorm vereinfachte. Unsere Koordinatorin Sophia berichtet:

Anfang November veränderte sich die Situation erneut, und Martin rief unsere Freunde und mich zu sich nach Hause. Er brauchte noch weitere Unterstützung von uns: dass wir uns zeitweise um Naomi kümmerten, damit er in dieser Zeit Irina pflegen und für sie da sein konnte. Nachdem wir alles besprochen hatten, gingen mein Mann

Aber die auf den HERRN harren, kriegen neue Kraft, dass sie auffahren mit Flügeln wie Adler, dass sie laufen und nicht matt werden, dass sie wandeln und nicht müde werden.

Jesaja 40, Vers 31

und ich an Irinas Bett, um uns von ihr zu verabschieden. Sie war noch wach, hatte wie immer ein Lächeln im Gesicht und strahlte einen tiefen Frieden aus. Ich wusste, dass sie alles mitangehört hatte, was wir besprochen hatten. Das gab ihr Frieden. Mein Mann sagte zu ihr, dass sie gut aussähe, und sie antwortete prompt: „Du aber auch." Unfassbar, wie gut es ihr in diesem Moment ging.

Mittlerweile waren wir neun Helferinnen. Gemeinsam planten wir eine Vormittagsbetreuung für Naomi und eine Nachmittagsbetreuung für Irina, sodass Martin jeden Tag ein paar Stunden mit Naomi verbringen und Irina ausreichend pflegen konnte. Gott bewirkte, dass sich das alles wunderbar einspielte und die Abläufe so gut funktionierten. Wir Freundinnen wuchsen eng zusammen und achteten aufeinander, sodass sich niemand übernehmen musste.

In dieser Zeit hörte ich von niemandem auch nur ein einziges Mal ein Jammern. Im Gegenteil: Mir wurde von allen Seiten noch zusätzliche Hilfe angeboten, falls es mir mal zu viel werden würde – was Gott sei Dank aber an keinem einzigen Tag der Fall war.

> Und wenn ein Glied leidet, so leiden alle Glieder mit; und wenn ein Glied geehrt wird, so freuen sich alle Glieder mit. Ihr aber seid der Leib des Christus, und jeder ist ein Glied daran nach seinem Teil.
>
> *1. Korinther 12, Verse 26-27*

Immer wenn ich zu Flemmings nach Hause kam, wurde ich von allen mit einem Lächeln empfangen. Zuerst begrüßte ich Irina, und sie lächelte mich stets liebevoll an, nahm meine Hand und streichelte sie. Ich verspürte dadurch jedes Mal einen tiefen Frieden bei dieser wunderbaren Familie. Hier herrschten Gottes Frieden und die Hoffnung auf die Ewigkeit.

Das Familienleben zu planen, mit dem Ziel, Irina zu schonen, Naomi nicht zu vernachlässigen und niemanden zu überfordern – inklusive mir selbst –, war ein Spagat, der herausforderte und ohne Unterstützung kaum funktionieren konnte. Eltern, Familie, Freunde, Kollegen und unsere Gemeinde – alle packten mit an, und für die medizinische Versorgung hatten wir die SAPV, die ich zwischendurch immer wieder auf den neuesten Stand brachte. In regelmäßigen Abständen machten sie bei uns Hausbesuche, wobei unter anderem die aktuellen Baustellen begutachtet wurden und Hilfe geleistet wurde. In der aktuellen Phase musste ich zum Beispiel seit Wochen bei Irina die Wunde am Kopf kontrollieren. Fast täglich sah ich danach, wechselte Kompressen und Pflaster und verband die Wunde neu. Der Heilungsprozess zog sich schon lange hin, wobei die Wunde mittlerweile aber immerhin trocken und damit die hohe Last der Infektionsgefahr weggefallen war. Hierbei förderte die SAPV meine Sicherheit, indem die Sanitäter mich immer wieder abfragten und bei Bedarf Ratschläge gaben. So wurde ich immer sicherer und wuchs immer tiefer in die Materie der Palliativversorgung hinein. Funktionierende Pläne waren das A und O für eine reibungslose Versorgung, und hier hatte ich einen großen Vorteil. Denn durch die letzten Jahre in der Begleitung meiner Frau und der Versorgung von Naomi hatte ich bereits sehr viel entwickelt und dazugelernt, vor allem, was Ordnung und Struktur betrifft. Weitere wichtige Aspekte wie Aufmerksamkeit, Disziplin und Ausdauer brachte ich durch meinen Beruf als Polizist und die damit verbundene Prägung mit. Ich bin belastbar, habe eine gute Auffassungsgabe und kann Probleme schnell und richtig einordnen. So bekam ich auch schon bald eine Einweisung in die Medikamente mit Dosierungen, Anwendungen und Verabreichungsplänen. Diese Ordnungen und Strukturen wurden zu unserer Routine.

Die Kombination all dieser Dinge war auch nötig, denn es kamen auch wieder instabilere Momente mit teilweise unerklärlichen Symptomen. Schwäche-, Schlappheits- und komatöse Tiefschlafphasen sowie akute und schmerzhafte Bauchkrämpfe sorgten immer mal wieder für Anspannung. Die Formkurven von Irinas Zustand ließen sich teilweise erst nach ein paar Tagen richtig einordnen, während man stündlich hin und her gerissen war, was man in diesem Moment medizinisch oder sonst hilfreich tun könnte. Immerhin hatte sie kaum Schmerzen am Kopf, aber was noch viel wichtiger war: In ihrem Herzen regierte ein unbändiger Frieden. Irina wuchs mit den Herausforderungen und in der medizinischen Begleitung ebenfalls mit, und sie wusste auch, was gewisse Formkurven oder entsprechende Medikamente bedeuteten. Während ich fast jeden Abend darüber weinte und meine Sorgen im Gebet Gott übergab, hatte Irina deswegen nicht auch nur eine einzige Träne vergossen oder auch nur gejammert. Und wenn das einer durfte, dann ja wohl sie! Allerdings schaffte sie das nicht aus eigener Kraft heraus. Tränen und Gejammer entstehen ja nicht primär aufgrund physischer Schmerzen, sondern im Inneren – im Herzen. Auch wenn ich wirklich alles gab, mit allem, was ich hatte – zu Irinas Herzen gelange ich nie. So wie Luther einst sagte: „Ich komme mit meinen Worten nur bis ins Ohr und nicht weiter" (frei zitiert), hätte auch ich mich auf den Kopf stellen können. Nur durch Gottes Kraft in Irinas Herzen war das alles möglich, und er ist der Einzige, der nachhaltig an unseren Herzen wirken kann. Das ist der Friede Gottes, der jeden Verstand übersteigt; das ist Gewissheit über das Heil, das es nur bei Jesus gibt. Er hat alles für sie getragen – nicht nur für sie, sondern für jeden Menschen –, und er war ihr Hirte. Egal, ob stabil oder instabil, ob gesund oder krank: Wahre Heilung muss am Herzen geschehen. Das hat Jesus für uns vollbracht, und so regierte dieser Frieden bei Irina in besonderer Weise. Das überwältigte mich so sehr, dass auch ich täglich neuen Mut und neue Kraft schöpfte, um weiter durchzuhalten:

Einfach nur an Jesus klammern!

Einst hatten wir uns nach Heilung gesehnt. Nun erinnerten wir uns daran, wie auch Irina das einst aus eigener Kraft glauben wollte. Wir blickten mit einem lachenden und einem weinenden Auge auf diese Zeit zurück. Denn wir waren damals sehr negativ beeinflusst worden und wie Schafe umhergeirrt. Aber seitdem wir uns von diesen unheiligen Dingen abgewandt hatten und zu unserem persönlichen Retter Jesus Christus umgekehrt waren, regierten nur noch seine Gnade und der Friede über echte Heilung in unseren Herzen. Diese Heilung geschah nicht am Körper, sondern am Herzen! Dieses Heil und der Friede

> Durch seine Wunden seid ihr heil geworden. Denn ihr wart wie irrende Schafe; aber ihr seid nun umgekehrt zu dem Hirten und Bischof eurer Seelen.
>
> *2. Petrus 2, Verse 24b-25 (Luther)*

Gottes waren auch nötig, denn trotz der vielen stabilen Phasen wurde Irina leider schon bald wieder instabiler. Bei Gehirntumoren dieser Art darf man sich von einer gewissen Normalität nicht blenden lassen und muss hellwach sein. Ich war dankbar, dass ich bereits viel hatte lernen dürfen, wie ich gut auf Irina aufpassen konnte.

Dennoch bekam Irina erneut einen epileptischen Krampfanfall. Es war kurz nach 9 Uhr, wir hatten gerade unsere Morgenroutine. Naomi war mit Irinas Mama beim Spazieren – da geschah es einfach. Gott sei Dank saß Irina in diesem Moment im Rollstuhl, wodurch ich sie sofort stabilisierend halten konnte. Der Krampf dauerte zum Glück auch nicht allzu lange, und so überstanden wir auch diesen Anfall unverletzt. Wie bestellt kam kurz darauf die SAPV zum routinemäßigen Hausbesuch. „Ruhe bewahren, Krampfanfälle sind leider normal", erklärte der Palliativ-Arzt. Allerdings war der Krampfanfall trotz der eingenommenen Antiepileptika gekommen – kein gutes Zeichen. Entsprechend besprachen wir gemeinsam die Medikamentendosierung. Alles Weitere, auch Irinas neurologische Erholung, blieb wieder einmal abzuwarten. Der erste Zustand war ganz gut, alles andere musste sich zeigen. Der Tag hatte sehr viel Energie gekostet, und am Nachmittag hatten wir erneut Komplikationen mit anhaltender Übelkeit und Erbrechen. *Alles mal wieder instabil stabil.* Die SAPV war nochmals da, und von da an überwachten wir Irina noch stärker. Sie kam wieder zu sich, und im Laufe des Abends bekamen wir auch die Übelkeit in den Griff. Dabei war Irina immer mal wieder wach und ansprechbar, kam aber nicht mehr aus dem Bett. Immerhin hatte sie keine Schmerzen – dafür einen Frieden, der jeglichen Verstand übersteigt.

> Und der Friede Gottes, der allen Verstand übersteigt, wird eure Herzen und eure Gedanken bewahren in Christus Jesus!
>
> *Philipper 4, Vers 7*

Doch die neue Woche begann mit keinen guten Neuigkeiten: Irina hatte den nächsten epileptischen Anfall – und diesmal mit weitreichenden Konsequenzen.

Das Pflegebett

Es war 8 Uhr morgens. Ich stand langsam auf, machte mich fertig und wollte Irina eigentlich zur Morgenroutine aus dem Bett holen. Aber ich fand sie in ihrem eigenen Erbrochenen vor. Ich schaltete sofort um und richtete sie auf. Sie übergab sich weiter, und die Aspirationsgefahr – dass sie ihr Erbrochenes in die Lunge einatmete – war hoch. Nach kurzer Zeit kehrte jedoch Ruhe ein, und die Übelkeit war wieder weg.

Daraufhin wollte ich sie wie jeden Morgen auf die Toilette begleiten. Doch nach zwei, drei Schritten wurde klar: *Sie kann nicht mehr laufen. Sturzgefahr* – ich wollte sie in den Rollstuhl setzen, doch gleichzeitig wurde der Toilettengang immer dringlicher. Plötzlich wurde ihr Blick hilflos, und ich merkte: *Es bahnt sich etwas an, jetzt muss es schnell gehen!* Also schulterte ich sie kurzerhand und trug sie schnell auf die Toilette. Zum Glück konnte ich sie noch etwas entkleiden und auf die Toilette setzen, denn dann ging es sofort los, und ein heftiger Krampfanfall setzte ein. Der Körper machte, was er wollte. Ich hielt Irina fest und rief laut ihre Mutter zur Hilfe herbei. Wir hatten das Szenario durchgesprochen, und ich wies sie kurz an, was sie machen sollte: „Notfall-Nasenspray holen!" Sie rannte los an die Stelle, wo wir es für diesen Fall deponiert hatten. Gleichzeitig „pinnte" ich Irina auf der Toilette sitzend mit aller Kraft an die Rückwand. Der Krampf wurde immer heftiger, aber sie durfte nicht herunterfallen.

Diesmal konnte ich mich nicht hinter sie quetschen. *Aber ihr Kopf, ich muss ihn schützen! Sie zuckt zu stark, und die Rückwand besteht aus harten Fliesen.* Also schob ich meine Arme unter ihren Achseln durch. So saß ich jetzt fast rittlings auf ihr und umklammerte ihren Hinterkopf mit meinen Händen. Quälendes Gestöhne, Geröchel und unüberhörbares Zähneknirschen: Geräusche, die wie Dolchstöße tief in mich eindrangen. Ich wusste nicht, ob sie Erbrochenes im Mund hatte, aber für eine Mundkontrolle war es zu spät. Selbst wenn ich in den Mund hätte hineingreifen können, wäre die Gefahr zu hoch gewesen, dass sie mir unkontrolliert in den Finger biss.

Ich hatte ihren Rücken an die Wand gepresst und den Hinterkopf schonend fixiert. Mit meinen Beinen presste ich gegen ihre, damit sie nicht von der Toilettenschüssel herunterrutschte. Meine Waden fingen an zu zittern, meine Oberschenkel brannten, doch der Krampf hörte nicht auf. Sie röchelte und stöhnte weiter. Dann endlich kam Irinas Mama mit dem Notfall-Nasenspray zurück. Sie hielt Irina mit fest, und ich gab eine erhöhte Dosis: drei Hub linkes Nasenloch, drei Hub rechtes Nasenloch – keine Reaktion. Warten, noch mal: drei Hub in die Nase – wieder keine Reaktion. Doch irgendwann wurde der Krampf langsam schwächer. Die Zuckungen ließen nach, und Irina sackte in meine Arme. Wir hatten das Gröbste überstanden, und Gott sei Dank war sie wieder unverletzt!

Ich wies Irinas Mutter weiter an, den Notruf der SAPV zu wählen. *Die Abstimmung im Ernstfall funktioniert – ich bin begeistert, wie ich mich auf sie verlassen kann! Was muss das auch mit ihr machen?* Ich verharrte in der Position auf der Toilette mit Irina. Sie war weiter verkrampft, und bis die Ärzte kamen, schlief sie in dieser Lage 30 Minuten lang auf mir. Wir waren ineinander verschlungen, mein Kopf war in ihre Schulter gegraben. Warten. Diese Stille, nur das leise Schnarchen von Irina – ich fing an zu weinen. *Nicht aufgeben, bitte nicht aufgeben.* Gedanken überfielen mich: *Wie geht es weiter?* Die Gesamtsituation machte mich fertig. Der Krampfanfall war viel zu heftig gewesen. *Reiß dich zusammen, wir sind noch nicht am Ziel.*

Schließlich traf der Arzt ein. Er bekam ein Update, und gemeinsam trugen wir Irina zurück ins Bett. Erst jetzt bemerkte ich, dass meine Beine eingeschlafen waren. Ich war die ganze Zeit unter Anspannung in der Hocke gewesen. Während meine Beine etwas unangenehm wieder aufwachten, wurde Irina im Bett untersucht. Der Krampf war zwar abgeklungen, aber sie selbst war noch nicht wieder ganz wach. Check der Werte: einigermaßen okay. Wir verabreichten weitere Medikamente, es wurde ein Zugang gelegt, und Irina kam langsam wieder zu sich. Sie war ansprechbar, reagierte aber sehr verlangsamt. Danach schlief sie wieder ein, aber die Situation war jetzt unter Kontrolle. Ich sprach mich mit dem SAPV-Team ab: Sie wären da, wenn wir etwas brauchten.

Dann setzten wir uns an den Wohnzimmertisch einander gegenüber, und der Arzt ging mit mir die Optionen durch: „Palliativstation? Hospiz? Wie soll es weitergehen?" Aber schon beim Stellen der Fragen merkte er, dass er die Antwort im Grunde bereits kannte. „Sie werden es weiter durchziehen und Ihre Frau zu Hause betreuen?" Ich blickte ihn ruhig an. Dann nickte ich. Daraufhin erklärte er fast schon entschuldigend, aber auch eindringlich: „Ich kann Ihnen diese Entscheidung nicht abnehmen, und ich muss Ihnen einfach die Optionen aufzeigen. Aber wir dürfen uns nichts vormachen. Der Zustand Ihrer Frau ist sehr schlecht, und wenn wir Sie weiterhin unterstützen sollen, brauchen wir Klarheit. Wir sind leider nun mal an dem Punkt, an dem wir eine Entscheidung von Ihnen brauchen." Das war deutlich, und ich murmelte leise: „Ich weiß." Kurze Pause. Mein Blick schweifte umher, und meine Hände glitten unter dem Tisch unruhig über meine Oberschenkel. Ich dachte nach. *Der Arzt braucht eine Entscheidung.*

Da erinnerte ich mich wieder an diesen Bibelvers:

> Habe ich dir nicht geboten, dass du stark und mutig sein sollst? Sei unerschrocken und sei nicht verzagt; denn der HERR, dein Gott, ist mit dir überall, wo du hingehst!
>
> *Josua 1, Vers 9*

Ich atmete tief ein. Mut machte sich in mir breit. Ich stützte die Ellbogen auf den Tisch und faltete die Hände vor dem Gesicht. Dann blickte ich den Arzt entschlossen an und äußerte verständnisvoll: „Sie machen eine gute Arbeit, und die von Ihnen genannten Institutionen haben alle ihre Berechtigung. Aber für mich sind das alles keine Optionen. Irina ist meine Frau. Sie lebt hier. Sie hat hier ihren Mann, ihre Mutter und ihre Tochter. Sie will hierbleiben. Ich werde also meine Frau weiterhin zu Hause betreuen – komme, was da wolle." Daraufhin meinte der Arzt: „Das habe ich mir fast schon gedacht. Und ganz ehrlich: Ich bin froh, dass Sie sich so entschieden haben. Sie bekommen von uns die volle Unterstützung." Gegenseitige Anerkennung machte sich breit, und es tat sehr gut, diese Entscheidung so zu treffen. Es fühlte sich für alle Beteiligten einfach richtig an, und so konnte uns das SAPV-Team beruhigt allein zurücklassen.

Wie Irina diesen Anfall verkraften würde, stand völlig in der Schwebe. Der Anfall war heftig gewesen, trotz der ordentlichen Medikamentendosis im Vorfeld und des sofortigen Handelns zusammen mit der Notfallmedizin, als es losging. Nach ein paar Tagen intensiver Betreuung, begleitet von vielen Gedankenbewegungen und Gebet, stand fest, dass Irina bettlägerig und damit ein anderer Grad von Pflegefall war. Mehr und mehr wurde mir bewusst, dass ab sofort eine Welle von Belastung auf mich zukommen würde, die noch mal heftiger sein würde, als sie es ohnehin schon war. Die Anspannung und der Druck nahmen zu, aber meine Entscheidung stand. Ich würde nach wie vor die Betreuung und Pflege für Irina zu Hause schultern. Mit Gottes Hilfe würden wir auch diesen Sturm überstehen.

> [Jesus spricht:] Jeder, der zu mir kommt und meine Worte hört und sie tut — ich will euch zeigen, wem er gleich ist. Er ist einem Menschen gleich, der ein Haus baute und dazu tief grub und den Grund auf den Felsen legte. Als nun eine Überschwemmung entstand, da brandete der Strom gegen dieses Haus, und er konnte es nicht erschüttern, weil es auf den Felsen gegründet war.
>
> *Lukas 6, Verse 47-48*

Vormittags darauf kam das Pflegebett an, und wir lagerten Irina um. Sie war dabei wach, aber allein schon durch diese kleine Anstrengung nahmen ihre Symptome schlagartig zu. Neben einer kurzen Übelkeit nahm auch die Schwellung am Kopf zu, wo die Schädeldecke fehlte. Zum ersten Mal seit Langem bekam sie auch wieder Kopfschmerzen. Nach der Umlagerung schlief sie immer wieder ein und hatte danach kaum noch Wachphasen. Die SAPV war dadurch öfter da und reagierte in allen Bereichen sehr professionell. Das war auch immer Irinas und mein

Wunsch gewesen: nichts künstlich herbeizuführen oder hinauszuzögern, sondern angemessen und schnell auf die Symptome zu reagieren. Irina wurde entsprechend gut auf Medikamente eingestellt und wieder stabiler. So hatte sie auch genau im richtigen Moment eine Wachphase – nämlich als Naomi wieder nach Hause kam. Sie war während der harten Phasen immer mal wieder in Betreuung bei meinen Eltern, die leider über eine Stunde weit weg wohnten. Auch das hatten wir uns so vorgestellt: Naomi und ihre Mama sollten sich so lange erleben und genießen, wie es ging.

Gleichzeitig ergab sich durch die Umstände der nächste Drahtseilakt: *Wie gestalten wir die weitere Betreuung für Naomi?* Ich war bereits sehr stark in die Pflege und Betreuung von Irina eingebunden, gleichzeitig brauchte Naomi mit ihren 22 Monaten meine volle Aufmerksamkeit. Sehr viele Dinge mussten einfach funktionieren, und so stimmte ich mich mit meinen Angehörigen und Helfern weiter ab. Es bestand eine Dauerbelastung für alle, und wir mussten auch fortwährend abwarten, wie sich Irinas Zustand entwickeln würde. Es gab keine Prognosen, nur ein wachsames Auge für die Realität. Alles deutete auf einen Heimgang hin.

Nach einer ruhigen Nacht setzte ich mich früh neben das Pflegebett, das wir in unserem Schlafzimmer neben dem Ehebett aufgebaut hatten. Irina schlief gut, was bei dieser Erkrankung bei Weitem nicht selbstverständlich war. Deshalb war ich dafür sehr dankbar. Dann betete ich. Friede kehrte in mein Herz ein.

Gott ist gut, allezeit – allezeit ist Gott gut.

Plötzlich wachte Irina kurz auf, und zu meinem Erstaunen war sie deutlich wacher, ansprechbar und zeigte körperlich/

motorisch sehr positive Signale. Auf einen Schlag hatten wir eine deutliche Verbesserung!

Gott ist gut, allezeit –

Ich begrüßte sie freudig, gab ihr einen Kuss und startete ganz euphorisch das Morgenprogramm. Irina spürte meine Freude und lächelte mich an. Mit dem Pflegebett war alles neu, aber auch etwas einfacher. Bisher hatte ich Irina in die Dusche oder auf die Toilette gebracht. Hier gab es allerdings viel mehr Risiken, und im Bett fielen diese erst einmal weg. Waschen, Zähne putzen etc., dann kamen Naomi und Irinas Mama dazu. Freude kam auf. Irina konnte sogar ein wenig essen und trinken.

> Von allen Seiten umgibst du mich und hältst deine Hand über mir.
>
> *Psalm 139, Vers 5*

... allezeit ist Gott gut.

Kraft von oben

14 Tage waren seit dem letzten epileptischen Anfall vergangen. Leider blieb Irina entgegen unserer Hoffnung weiter bettlägerig. Ihr Körper erholte sich von den vielen Belastungen durch die Anfälle nicht mehr. Sie war motorisch so stark eingeschränkt und geschwächt, dass sie sich nicht mehr von allein aufrichten konnte und überall auf Unterstützung angewiesen war. Einfachste Tätigkeiten wie eine Zahnbürste benutzen oder Wasser im Mund gurgeln waren allein nicht mehr möglich. Der Gehirntumor störte viele kognitive Fähigkeiten und die Motorik, was zu komplizierten Situationen für uns alle führte. Beim Zähneputzen beispielsweise machten die Hände zwar die richtigen Bewegungen, aber die gestörte Zeitempfindung führte dazu, dass Irina sich die Zähne ununterbrochen und viel zu lange putzte. Erklärungen meinerseits zu den Abläufen beim Zähneputzen riefen in Irinas Gesicht dann oftmals nur Fragezeichen hervor. Die Gehirnstörung verursachte auch, dass Irina nach dem Zähneputzen das Spülwasser zwar im Mund gurgelte, aber nicht mehr ausspuckte. So saß sie manchmal mehrere Minuten einfach da und gurgelte, während ich mit Händen

und Füßen vergeblich versuchte, das Ausspucken zu bewirken. Diese Situationen waren sehr frustrierend, und meine Hilflosigkeit trieb mich fast in den Wahnsinn. Hier galt nur eine Devise: *Ruhe bewahren* – was mir leider häufig nicht gelang. Die Bitte um Geduld wurde fortan zu meinem Dauergebet.

In dieser Zeit lernte ich viel über mich selbst, über gottgegebene Geduld und über wahre Nächstenliebe. Ständig vertraute ich mich dem Herrn an, damit ich mich der Situation anpassen konnte, um Irina mit voller Hingabe und Liebe zu dienen. Es verlangte mir alles ab, doch Gott erhörte meine Gebete. Ich wurde immer geduldiger und aufmerksamer. Interessanterweise fielen mir die meisten Dinge auch gar nicht mehr so schwer, obwohl ich keinerlei Erfahrung mitbrachte. Ich wuchs über mich hinaus, auch wenn ich mich anfangs immer mal wieder sehr ungeschickt anstellte. Aber Gott half mir vor allem innerlich, und ich war stets sehr froh über die Entscheidung, die Pflege selbst zu machen. Auch Irina war froh, dass nicht jemand Fremdes kam, um sie zu pflegen. Es machte mich besonders glücklich, als sich das herausstellte.

Beim Entkleiden ihrer Füße stellte ich mich wieder einmal etwas grob an und resignierte. *Wenn Irina die bestmögliche Pflege haben will, ich sie ihr aber nicht geben kann, muss ich das akzeptieren und ihr einen Pflegedienst organisieren.* Frustriert bot ich Irina an, dass ich die Pflege zu ihren Gunsten an einen Pflegedienst abgeben könnte. Daraufhin blickte sie mich mit ihren Kulleraugen mitleidig, aber liebevoll an. Ich war überrascht. „Du nimmst lieber die grobe Unfähigkeit deines Mannes in Kauf, als von jemand anderem gepflegt zu werden?" Sie nickte und lächelte mich verliebt an. Das berührte mich sehr. Trotz der ganzen Einschränkungen schien der Tumor keinerlei Einflüsse auf den Kern ihres Wesens zu haben. Gerade in solchen Situationen bemerkte ich immer wieder, wie Irina mich zu 100 %

verstand und wir uns trotz allem verständigen konnten. Mir traten Tränen in die Augen. „Nur damit ich dich richtig verstehe: Du willst definitiv keinen Pflegedienst?" Wieder ihr vertrauter Blick, sie schüttelte den Kopf. Ich wusste sofort, was sie sagen wollte: „Ich habe dich noch nie wegen deiner Fehler abgelehnt. Ich liebe dich so, wie du bist, und will, dass du das weiterhin machst." Sie brauchte mich und wollte, dass ich weitermachte, egal wie stümperhaft ich mich dabei anstellen würde.

Ich beugte mich zu ihr hinüber und flüsterte ihr zu: „Ich liebe dich." Dabei berührten sich unsere Nasen – etwas, was wir oft machten, wenn wir uns näherkamen. Wir küssten uns, und ich umarmte sie. Wir hielten uns lange und innig fest. Körperliche Nähe, Intimität – Dinge, die durch die Erkrankung für uns nur äußerst begrenzt möglich waren. Doch wir kosteten solche Momente aus, und Liebe machte sich in unseren Herzen breit. Egal wie stark die Erkrankung uns auch einschränkte – von der Liebe konnte uns der Tumor nicht trennen, denn unsere Liebe kam von Gott. Bettlägerigkeit, völlige motorische Einschränkung, Anfälle, Sprach- und Kontrollverlust, ein rapider körperlicher Abbau mit mindestens zehn Kilogramm Gewichtsverlust und körperlichen Dysfunktionen: eine massiv drückende Symptomlast und der daraus resultierende massive pflegerische Aufwand. Der Tod rückte immer näher. Doch unsere Herzen blieben ruhig und wir gestärkt. Wie war so etwas möglich?

Es war die Liebe Gottes, die in uns herrschte und uns

Denn ich bin gewiss, dass weder Tod noch Leben, weder Engel noch Fürstentümer noch Gewalten, weder Gegenwärtiges noch Zukünftiges, weder Hohes noch Tiefes noch irgendein anderes Geschöpf uns zu scheiden vermag von der Liebe Gottes, die in Christus Jesus ist, unserem Herrn.

Römer 8, Verse 38-39 (Luther)

zusammenhielt, ohne dass wir selbst etwas dazu hätten beitragen können. Diese Liebe war stets präsent und zeichnete sich unter anderem so aus: Immer, wenn ich Irina in die Augen sah, erblickte ich drei wunderbare Dinge:

Sorglosigkeit, Liebe, Hoffnung

Ein Ehepaar, das in seiner Beziehung zueinander völlig eingeschränkt ist, weil es kaum noch miteinander kommunizieren und kaum körperliche Zärtlichkeiten austauschen kann, braucht ein übernatürliches Band, das es unzertrennbar zusammenhält: wahrhaftige Liebe.

Gott ist die Liebe. Im Glauben an Jesus Christus haben wir diese Liebe in uns. Jeden Tag waren wir von Jesu Liebe zu uns aufs Neue überwältigt, und während Irina mir ihre Gefühle nur noch mithilfe ihrer Augen vermitteln konnte, war ich immer mehr von ihrer Schönheit beeindruckt. Meine liebe Frau war durch die Krankheit gezeichnet; ihr Körper, der nur noch aus Haut und Knochen bestand, war durch die vielen Narben – vor allem am Kopf – ganz entstellt. Äußerlich war sie also weit entfernt von ihrer einstigen Schönheit – dennoch wurde sie für mich täglich schöner und schöner. Wahre Liebe sieht auf die Schönheit von innen. Wir erlebten eine Schönheit und Liebe, die wir uns in diesem Maße selbst nie hätten geben können und die uns einen Vorgeschmack einer noch viel schöneren Herrlichkeit gab. So erfüllte sich vor meinen Augen jeden Tag diese Tatsache:

> Über dies alles aber zieht die Liebe an, die das Band der Vollkommenheit ist.
>
> *Kolosser 3, Vers 14 (unser Trau-Vers)*

Christus in euch, die Hoffnung der Herrlichkeit. *Kolosser 1, Vers 27b*

Diese Liebe und diese Hoffnung trieben mich förmlich an, und es klappte soweit alles recht gut. Aber die Bettlägerigkeit barg auch Gefahren, die für mich größtenteils Neuland waren. Eine Thematik hierbei: die Verdauung. Sie war leider auch der SAPV untergegangen. So kämpfte Irina bereits seit Tagen mit starken Verdauungsbeschwerden, wobei sie selbst kaum noch körperliche Kraft aufbringen konnte. Ein ganzes Wochenende verbrachte ich fast ausschließlich pflegend am Bett, und die starken Bauchschmerzen veranlassten die SAPV, öfter zu kommen. Wir arbeiteten auf Hochtouren zusammen, um Irina und ihren schwachen Körper weiter zu entlasten. Das brachte auch erst einmal Besserung, aber keiner wusste genau, wie sich dieser Prozess künftig entwickeln würde. Die Hauptlast blieb somit beständig auf mir liegen, und ich musste hellwach sein. Hierfür hatte ich mir mittlerweile ein Krebstagebuch angelegt, in dem ich Irinas Gesundheitszustand detailliert dokumentierte: Anzahl der Windelwechsel inklusive Inhalt; Anzahl, Häufigkeit und Dosierung der Medikamente; Intensität und Art der Symptome; Stärke der Schmerzen – einfach alles. Zudem hielt ich in diesem Tagebuch meine Gefühle und mein Gebetsleben fest. Denn trotz der guten Betreuung durch die SAPV und eines unfassbar durchorganisierten Umfelds hatte ich tiefe seelische Not. Es half mir, meine Sorgen wegzuschreiben, sie konsequent im Gebet abzugeben und auf Gottes Versorgung zu vertrauen.

> Alle eure Sorge werft auf ihn; denn er sorgt für euch.
>
> *1. Petrus 5, Vers 7*

Das Schreiben half mir also in doppelter Hinsicht, und mein Leben fokussierte sich nur noch auf das Hier und Jetzt. Somit fraßen mich meine Sorgen nicht mehr auf, und ich durfte dankbar eine Verbesserung des Verdauungstrakts bei Irina erleben. Ein Lichtblick: Die

Gefahr eines Darmver-
schlusses war erst einmal
gebannt. Irinas Körper
arbeitete unaufhörlich,
was sehr an ihren Kräf-
ten zehrte und vermehrt
zu dämmerungsartigen

Darum sollt ihr euch nicht sorgen um
den morgigen Tag; denn der morgige
Tag wird für das Seine sorgen. Jedem
Tag genügt seine eigene Plage.

Matthäus 6, Vers 34

Schlafphasen führte. Immerhin: Schmerzen und Bauchkrämpfe blieben im Moment aus. Die SAPV war informiert und blieb
mit mir im Austausch. Mittlerweile war sie seit acht Wochen
mit im Boot. Die Professionalität war sehr hoch, und wir waren wirklich in toller Betreuung. Aber eine solch lange Betreuung ist eher außergewöhnlich und zehrte natürlich auch an
den Kräften des medizinischen Personals. Auch Profis merkt
man irgendwann eine gewisse Erschöpfung an, und so beteten
wir regelmäßig für unser Palliativ-Team, dass auch die Mitarbeiter beharrlich durchhielten. Sie brauchten Kraft, so wie wir.

Kraft ...

„Woher haben Sie Ihre Kraft?", fragte mich unser Palliativarzt
nach einer weiteren schwierigen Phase. Wie so oft saßen wir
einander an unserem Wohnzimmertisch gegenüber. Auf seine erstaunte Frage hin deutete ich mit dem Finger nach oben,
Richtung Himmel. Daraufhin kniff er die Augen ungläubig zusammen und fragte ein zweites Mal, diesmal etwas eindring-
licher: „Woher haben Sie Ihre Kraft?" Ich antwortete: „Meine
Kraft kommt nur von oben." Es wurde still. Kopfschüttelnd
sah er mich an. Ich verstand das – ich war ja selbst sprachlos.
Er meinte diese Kraft, die jeglichen Verstand, auch den eines
Profimediziners, vollkommen übersteigt. Aber eines ist klar:
Wer Jesus nicht kennt und nicht an ihn glaubt, kann nicht wis-
sen, welche Kraft das ist – das ist der entscheidende Punkt.

Es handelt sich um eine Kraft, für die ich nicht mich selbst rühmen kann, und das merkte auch unser Arzt. Denn wäre es hier nur nach meiner Kraft gegangen, wäre ich längst am Boden gewesen. Dauerbelastung, Kinderbetreuung: Wie auch hätte ich das alles stemmen sollen? Ich war kein ausgebildeter Pfleger, ich hatte noch nie eine schwerst kranke Patientin über Monate betreut und gepflegt. Außerdem war sie meine Frau, und ich litt mit ihr an dieser Dauer-Not. Ich bin kein Superheld, der einen unzerstörbaren Körper hat oder dauerhaft seine Gefühle abstellen kann. Jegliche Intimität war vollkommen eingeschränkt, und unsere Beziehung litt auf allen Ebenen unter dieser Dauerbelastung. Noch dazu war ich kein Arzt, der alle Medikamente richtig dosieren und dabei gleichzeitig alle Symptome im Blick haben kann. Außerdem gab es keine Aussicht auf Heilung. *Wie lange überlebt ein Gehirntumor-Patient in Irinas Zustand?* Fragen über Fragen, und eine Ungewissheit jagte die nächste.

Ich hatte keine Ahnung, wie lange ein Körper so etwas aushalten kann – sowohl meiner als auch Irinas. Aber wir hatten eines:

Glaube – Liebe – Hoffnung

Kommt her zu mir alle, die ihr mühselig und beladen seid, so will ich euch erquicken!

Matthäus 11, Vers 28

Wer ist es, der mir all diese Kraft gab? Ist es nicht Jesus, der den Schwachen alles geben möchte? Ist es nicht Jesus, der mir all diese Kraft und Hoffnung gab, um das alles zu schaffen? Nein? Dann sag du mir: Woher hatte ich diese Kraft? Denn von mir kam sie nicht!

Er ist es, der mich stark macht – Jesus allein, wie ich bereits zu dem Arzt sagte:

„Meine Kraft kommt von oben."

Neben diesen Themen besprach ich mit dem SAPV-Team auch den aktuellen Gesundheitszustand. Denn Irina dämmerte die letzten Tage immer wieder weg, und in den wenigen Wachphasen wirkte sie stark abwesend. Die Motorik war in allen Bereichen verloren gegangen, und sie bekam einen unangenehmen Husten, den man weiter beobachten musste. Dazu kam der schlecht arbeitende Verdauungstrakt mit den damit einhergehenden Pflegetätigkeiten, die sie sehr anstrengten. Ich überwachte in Abstimmung mit der SAPV in regelmäßigen Abständen die Symptome. Dann wurde analysiert, und wir versorgten Irina in Absprache. Weiterhin galt: *So wenig wie möglich, aber so viel wie nötig. Medikamente sind keine Allheilmittel, aber sie helfen. Also vorsichtig und umsichtig dosieren.* Die Situation blieb nach wie vor angespannt, und meistens konnte man nur wenig machen.

> Ich hebe meine Augen auf zu den Bergen: Woher kommt mir Hilfe? Meine Hilfe kommt von dem HERRN, der Himmel und Erde gemacht hat!
>
> *Psalm 121, Verse 1-2*

Aber ich konnte beten, und das tat ich auch.

Dezember 2022

Sein Kreuz auf sich nehmen

> Wenn jemand mir nachkommen will, so verleugne er sich selbst und nehme sein Kreuz auf sich und folge mir nach!

Matthäus 16, Vers 24

Ich bin nicht von mir selbst überzeugt wie der moderne Welt-Mann, der nur an sich selbst glaubt. Aber ich bin von Jesus überzeugt – dem Mann, der nicht von dieser Welt ist. Ich glaube an einen Gott, der sich in den Schwachen auszeichnet. Nicht, weil *ich* könnte, sondern weil *er* kann. Nicht, weil *ich* besonders glauben würde, sondern weil *er* Hoffnung in mir bewirkt. Nicht, weil *ich* besonders viel Liebe hätte, sondern weil *er* Liebe in mir bewirkt. Nicht, weil *ich* es verdient hätte, sondern weil *er* mich begnadigt hat.

Ich durfte erkennen, dass ich ohne Jesus gar nichts bin. Hilflos – das Leben ohne Jesus ist „ein Haschen nach Wind" (vgl. z. B. Prediger 1, Vers 14). Wenn ich mich nicht täglich selbst verleugnet hätte, hätte ich mich auf mich selbst verlassen. Wäre ich nicht konsequent zu Jesus gegangen, wäre ich in den meisten Situationen völlig verloren gewesen. Das hört sich für den einen oder anderen vielleicht sehr anstrengend an. Das war es auch, aber zugleich bewirkte es eine solche Liebe in mir, dass ich für meine Irina alles geben konnte. Sie hatte ein deutlich schwereres Kreuz zu tragen, doch so konnte ich ihre Last ein wenig erleichtern. Jesus bewirkte in uns trotz großer Not Ruhe und Umsicht. Dadurch verzweifelten wir nicht an den schlimmen körperlichen Bedingungen, sondern setzten unser Vertrauen auch in den kleinsten Dingen ausschließlich auf Gott. Das bewirkte in uns eine reale Hoffnung, trotz wenig realistischer Überlebenschancen. Wir klammerten uns nicht an die realen Sorgen, sondern blieben dankbar und klammerten uns an unseren realen Gott.

> Seid in allem dankbar; denn das ist der Wille Gottes in Christus Jesus für euch.
>
> *1. Thessalonicher 5, Vers 18*

Wir verbuchten auch immer wieder kleinere Erfolge, für die wir wiederum sehr dankbar waren. So löste sich schon bald auf unerklärbare Weise die Verdauungsproblematik. Es schien wieder bergauf zu gehen – was auch unsere Logopädin Christa bestätigte, die zweimal die Woche da war –, und Irina wurde fitter. Sie bekam wieder Hunger, die Bauchkrämpfe gingen weg, die Motorik kam wieder zurück, und die Pflege pendelte sich auf einem Normalmaß ein. Unsere fleißige Versorgungsgruppe hatte mittlerweile auf leicht verdauliche Gerichte umgestellt, und angesichts des bisherigen Krankheitsverlaufs ging es Irina gut. Sie konnte wieder essen, trinken und schlafen und hatte keine Schmerzen mehr. Nur der Husten machte so langsam immer mehr Probleme und löste entsprechende Sorgen aus. Irinas Zustand war also komplikationsfrei, aber in einem grundsätzlich gesunden Zustand hätte man ihre Organe schon längst endoskopisch untersuchen müssen. Die

Gesamtumstände zwangen uns aber dazu, ihren Zustand weiterhin nur zu beobachten. Eine Untersuchung im Krankenhaus hätte sie zu sehr belastet, denn Irina war nicht mehr in der Verfassung, solche Abläufe auszuhalten.

Aufgrund dieser Aufwands-/Risikoabwägung blieb es bei der palliativen Vorgehensweise: abwarten, beobachten, Symptome immer neu einordnen und entsprechend reagieren. Die Bettlägerigkeit zeigte vor allem muskulär bereits Wirkung. Irinas Körper wurde von Tag zu Tag schwächer, und ich steuerte den Gefahren mit Lagerungstechniken entgegen. Mehr konnte man im Moment nicht für sie tun.

In welche Richtung wird das Lebenspendel schließlich ausschlagen? Beziehungsweise: Wann hört es auf, in die verschiedenen Richtungen auszuschlagen? Die SAPV arbeitete eng mit mir zusammen, und die Belastung wurde immer härter. Aber in unseren vier Wänden und unseren Herzen überwog etwas anderes, wie eine Sanitäterin der SAPV bezeugte:

> *„Ich betreue sehr viele sterbenskranke Menschen in ihrem eigenen Zuhause, und bei den meisten ist ein deutlicher Unterschied im Gegensatz zu hier bemerkbar. Die Stimmung ist oft sehr bedrückend, und diese Menschen haben keine echte Hoffnung, bevor sie dann jämmerlich sterben. Aber wenn ich hierherkomme, ist die Stimmung wirklich eine komplett andere! Hier ist echte Hoffnung – Hoffnung auf ewiges Leben.“*

Doch auch mit dieser Hoffnung hatte sich Irinas guter Gesundheitszustand nach ein paar Tagen wieder massiv verschlechtert, sodass wir nun in die Sterbephase übergingen. Es war für uns alle extrem hart, nochmals in solch einer Deutlichkeit mit dieser unveränderbaren Konsequenz konfrontiert zu werden. Aber für Resignation oder Frust war keine Zeit.

Denn was sich bisher als Verdauungsproblematik darge-stellt hatte, war eine deutlich komplexere Sache. Dafür hätte es wie gesagt eine genauere Untersuchung gebraucht, wozu man Irina in ein Krankenhaus hätte bringen müssen. Doch sie war mittlerweile so schwach, dass man im Falle eines Transports befürchtete, dass sie allein beim Verlagern aus dem Bett kol-labieren würde. Durch das erzwungene, medizinisch beglei-tete Abwarten und Beobachten entstand eine immer stärker werdende innere Blutung. Gleichzeitig hatte sich der Husten nicht gebessert, sondern war kontinuierlich schlecht geblie-ben.

Das bedeutete, dass die unbehandelte innerliche Blutung zwangsläufig zum Versterben durch Verbluten führen musste. Gleichzeitig konnte man sie nicht gezielt behandeln, da man nicht wusste, woher die Blutung kam. Darüber hinaus konnte Irina aufgrund ihrer schwachen Grundverfassung nicht mehr richtig abhusten. Somit drohte eine lebensbedrohliche Pneu-monie (Lungenentzündung). Welche Konsequenzen zogen wir nun aus dieser Situation?

Auf viele der beschriebenen Dinge wurde einfach ange-messen reagiert. Die Marschroute: *keine unnötigen Leiden ver-ursachen, und auch keine künstliche Lebensverlängerung. Denn: Jede lebensverlängernde Maßnahme würde unweigerlich Schmerzen ver-ursachen und zu unnötigem Leiden führen.* Das wollte niemand, und Irina am wenigsten – das hatte sie auch immer deutlich kommuniziert. Die SAPV zog mit uns an einem Strang und be-fürwortete unsere Vorgehensweise in jeglicher Hinsicht. Da-durch konnten wir stets gemeinsamen entscheiden, wie man nun medizinisch am sinnvollsten auf die Symptome reagierte. Wir waren längst in der Sterbephase angekommen.

Sterbephase. Das bedeutet, du musst dem Tod ins Gesicht schau-en, dabei aber bei klarem Verstand bleiben, um verantwortungsvoll

Entscheidungen treffen zu können. Ich musste sehr schwere Entscheidungen treffen, denn die Mediziner machten nichts ohne meine Freigabe. Daraus resultierte eine unfassbare Verantwortung, die mich massiv bedrückte, da jede Entscheidung logischerweise Folgen für Irinas Leben hatte.

Ich blickte dem Tod also in die Augen – und traf die Entscheidungen. Entscheidungen, die nicht risikolos waren. Dabei half es jedoch sehr, dass Irina mir im Vorfeld kommuniziert hatte, was sie in der Sterbephase wollte und was nicht. Wir durften das alles vorher klären, und so wusste ich nicht nur, dass sie mir vertraute, sondern auch, dass meine Entscheidungen ihrem Willen entsprachen.

Aber um dem Tod widerstehen und diese Entscheidungen klar treffen zu können, braucht es noch etwas anderes: absolute Gewissheit. Die Gewissheit über dein Leben und darüber, wem es eigentlich gehört. Denn folgende Fragen drängten sich unweigerlich auf: *Wie lange dauert die Sterbephase? Wie viel Zeit hat Irina noch?* Diese Fragen kann dir niemand beantworten. Ohne Gewissheit gerätst du daher nur in Panik und triffst überhaupt keine vernünftige Entscheidung mehr. Du brauchst also Gewissheit darüber, was nach dem Tod ist, sonst kontrolliert dich der Tod, und du versuchst nur verzweifelt zu überleben. Diese Gewissheit aber hat nur der, der sein Kreuz auf sich nimmt.

> Denn wer sein Leben retten will, der wird es verlieren; wer aber sein Leben verliert um meinetwillen, der wird es finden.
>
> *Matthäus 16, Vers 25*

Irina und ich hatten durch Jesus das Leben gefunden. Es gehörte nicht mehr uns, sofern es denn überhaupt jemals einem von uns gehört hatte. Der Tod ist nicht das Ende. Jeder Mensch muss sterben, doch das Wichtigste hierbei ist, dass dein Leben *Jesus* gehören muss. Irina und ich konnten das bezeugen, weil wir glaubten, dass er für unsere Sünden gestorben und auferstanden ist und dass er uns liebt. Jesus ist das Lamm, das sein Leben für uns geopfert hat, damit uns vergeben werden konnte. Er ist von den Toten auferstanden und hat uns somit eine Hoffnung über das Grab hinaus gegeben: ewiges Leben. Wer Jesus nachfolgt, der hat dieses ewige *Leben* anstelle des ewigen *Todes.* Aber:

> Wer den Sohn Gottes nicht hat, der hat das Leben nicht.
>
> *1. Johannes 5, Vers 12b*

Unser Erlöser lebt, und er bringt uns und vor allem meine liebe Irina ans Ziel – die Ewigkeit.

Über drei Jahre lang hatte Irina täglich ihr Kreuz auf sich genommen. Sie hatte einfach dem lebendigen Wort Gottes geglaubt und war voller Hoffnung dem Weg ihres Heilands Jesus Christus nachgefolgt. Es war ein sehr, sehr schmaler Weg. Ich bin unfassbar stolz auf meine liebe Irina, der ich auf diesem Weg ein Ehemann nach dem Herzen Gottes sein durfte. Ich durfte sie lieben mit allem, was ich habe. Jede Schweißperle, jeder Blutstropfen und jede Träne waren das wert! Der HERR hat uns unter dem Kreuz mit seiner Liebe *eins* gemacht. Ich möchte keine Sekunde an der Seite meiner lieben Irina missen oder vergessen. Es war mit Abstand das Härteste und zugleich Wichtigste, was ich in meinem bisherigen Leben gemacht und erlebt hatte. Der Verlust der Liebe meines Lebens, meiner Ehefrau, ist der bei Weitem größte Schmerz, den man sich vorstellen kann. Aber ich bin ein Christ, ein Nachfolger Jesu – wie meine Irina. Und ein Christ verliert nicht. *Sterben ist ein Gewinn.* Den gesamten Leidensweg gemeinsam unter dem Kreuz zu gehen war mir die größte Ehre – für meine liebe Irina, aber vor allem für meinen HERRN und Heiland Jesus Christus.

> Denn für mich ist Christus das Leben,
> und das Sterben ein Gewinn.
>
> *Philipper 1, Vers 21*

Dezember 2022

Die enge Pforte

Mittlerweile wurden wir durch eine ehrenamtliche Helferin – Angela aus dem Hospizdienst – unterstützt, und Naomi wurde durch Geschwister aus der Gemeinde und vor allem durch meine Familie betreut. Irinas Mutter hatte fünf Wochen ununterbrochen bei uns gewohnt und uns unfassbar unter die Arme gegriffen. Nun war sie zum Krafttanken in die Heimat gereist, damit sie bald wieder zum Unterstützen zurückkommen könnte. Doch was zu diesem Zeitpunkt keiner wusste, war, dass auch Irina bald eine Reise antreten würde.

Es war Freitagabend, der 9. Dezember 2022. Eine sehr gute Freundin war am Nachmittag zu Besuch gekommen, und Irina war nicht nur die meiste Zeit wach gewesen, sondern hatte uns sogar immer wieder glücklich angelächelt. Nach den Pflegetätigkeiten und unserer Abendroutine betete ich noch an ihrer Seite. Danach gab ich ihr einen Gute-Nacht-Kuss und sagte zu ihr wie jeden Abend: „Ich liebe dich, Chérie. Und der Herr Jesus liebt dich noch mehr." Daraufhin schlief sie lächelnd und seelenruhig ein.

Im Anschluss verbrachte ich noch ein wenig Zeit für mich allein. Ich besann mich, las in meiner Bibel und schrieb Tagebuch. Nach dem Gebet ging ich ins Badezimmer und putzte mir die Zähne. Da hörte ich auf einmal ein leises Geräusch.

Quietsch, Quietsch, Quietsch …

Was ist das für ein Geräusch? Es hört irgendwie nicht auf!

Quietsch, Quietsch, Quietsch …

Der Ton erklang in einem monotonen, gleichbleibenden Rhythmus. *Woher kommt das, habe ich ein Fenster offen gelassen?* Es hörte sich so an, wie wenn ein Bett leise quietscht. Ich erschrak: *das Pflegebett!* Ich eilte ins Schlafzimmer. Irina hatte einen Krampfanfall. Das Zucken hatte dieses mir wohl immer in Erinnerung bleibende Quietschen des metallenen Pflegebetts ausgelöst. Sofort fuhr ich die Seitenwände des elektronischen Pflegebetts nach oben und machte das Licht an. Irina war ganz schwach. Ihr Körper zuckte fast nicht wahrnehmbar. Stattdessen hörte ich nur ein leises, krampfhaftes Stöhnen. Ich kämpfte gegen die Tränen. *Notfallmedizin. Aber Vorsicht!* Der Satz „Kein Medikament ohne Nebenwirkung" hatte sich mir eingebrannt. *Auch mit einer kleinen Dosis geht der Krampf schnell vorüber.* Aber Irina wurde nicht wach, sie schlief. Ich hielt lange ihre Hand, die immer wieder leicht zuckte. Es waren die Nachwirkungen des Krampfanfalls – dagegen konnte man nichts machen. Ich weinte und saß lange einfach an Irinas Seite. Sie schien eingeschlafen zu sein. Vor lauter Ermüdung brach ich ebenfalls zusammen und fiel nur noch ins Bett.

Krampfanfälle – etwas, das wir eigentlich hatten vermeiden wollen. Am nächsten Morgen haderte ich zum ersten Mal mit meinen Entscheidungen und der Zusammenarbeit mit der SAPV. Die Situation war angespannt, und ich flehte zu Gott um Sanftmut. Die Gespräche mit der SAPV liefen dann wie immer professionell ab, und ich beruhigte mich wieder. Die Medikamente wurden umgestellt, und Irina reagierte sofort positiv. Sie wurde wacher. Ich war sehr dankbar für diese Momente, und wir lächelten uns an. Dann zog ich die Bettdecke weg, um mit der Pflege zu beginnen, und zuckte innerlich zusammen. Ihr Bauch war von heute auf morgen so stark abgeflacht, dass ihre Beckenknochen stark hervortraten. Ich versuchte, mir den Schock nicht anmerken zu lassen. Doch dann bemerkte ich, dass sie auch ihr rechtes Bein nicht mehr bewegen konnte. Wir blickten uns an – sie war ruhig wie immer. Sie wusste genau, was das bedeutete, und war trotzdem vollkommen ruhig. Ja, noch mehr, sie lächelte mich wieder an – *dieser Friede, diese Sorglosigkeit, diese Liebe.* Ich war überwältigt. Nach der Pflege gab ich ihr ihren Hustensaft. Danach sprühte ich ihre Mundhöhle mit einem speziellen Wasserspritzer ein. Das schien ihr sehr zu gefallen, und sie lächelte mich wieder glücklich an. Freude machte sich in mir breit. Ich liebte es, sie so glücklich zu sehen. Dann schlief sie wieder ein.

Die folgenden Tage liefen immer ähnlich ab. In den kurzen Wachphasen bekam Irina von mir die wohltuende Pflege und ich von ihr ein glückliches und friedliches Lächeln. Die SAPV kam regelmäßig, außerdem kamen die Christen aus meiner Gemeinde zum Gebet und Freunde zum Besuch. Wir schienen alles wieder im Griff zu haben, und die Stimmung war unfassbar friedlich.

Doch dann folgte der 12. Dezember 2022: der Gang an die Himmelspforte.

Es war früher Nachmittag. Angela war bei Irina am Bett und überwachte sie. Auch Sophia und eine weitere Schwester aus der Gemeinde waren da. Außerdem war meine Mutter mit Naomi dazugekommen. Alle unterhielten sich recht entspannt, während ich mich im Wohnzimmer auf meinen Schaukelstuhl setzte. Für einen kurzen Moment fühlte ich mich abwesend. Die Gespräche der Damen nahm ich nur getrübt wahr. Meine Gedanken sortierten sich. Doch dann bekam ich plötzlich ein ganz starkes inneres Drängen.

Was ist hier los?, unterbrachen mich meine eigenen Gedanken. *Ich muss zu Irina!*

Ich hatte keine Ahnung, wieso, aber ich wusste sofort, dass ich zu ihr musste. Wortlos stand ich auf und ging schnell ins Schlafzimmer. Angela sah mich fragend an. Irina lag unverändert im Bett: halb offene Augen, flache Atmung, aber nicht ansprechbar. „Ist alles in Ordnung?", fragte ich Angela. Sie antwortete: „Ja, in der letzten halben Stunde hat sich nichts geändert." *Hier stimmt doch irgendwas nicht!*, dachte ich.

Da nahm ich ganz kurz eine Veränderung in Irinas Blick wahr. Die Augen gingen weit auf, ihr Blick wurde starr. Ich eilte an die Bettkante und drängte mich an Angela vorbei. „Angela, hol meine Mutter!" Etwas erschrocken stand sie auf und ging los, um meine Mutter zu holen. Ich griff unter der Bettdecke nach Irinas Hand. Sie war verschwitzt und schwach. Meine Mutter kam ins Zimmer und reagierte sofort. Sie war ihr ganzes Leben in der Pflege tätig gewesen und hatte dabei auch schon Sterbebegleitungen gemacht. Sie zog sofort die Bettdecke weg. Erst jetzt sah ich die andere freie Hand von Irina. Sie war verkrampft, und der Körper zeigte leichte Muskelzuckungen. Wir hatten wieder einen Anfall.

„Mum, was machen wir?" Sie sah mich ernst an.

„Ruf die SAPV an!"

Es tutete.

„Sollen wir Irina noch mal das Notfallnasenspray geben?"

Meine Mutter wurde immer ernster: „Warte, was die SAPV sagt."

Endlich meldete sich eine Palliativärztin. Das Gespräch dauerte allerdings nicht lange. *Wieso gibt mir keiner richtige Informationen? Wir müssen doch jetzt handeln! Was ist hier los?* Meine Mutter sah mich traurig an.

Ich zuckte zusammen; alle waren ruhig. Dann wurde es mir schlagartig klar: Wir konnten nicht mehr handeln. Ich sagte der Ärztin am Telefon, dass ich verstanden hätte. Sie sicherte mir zu, dass sie dennoch schnell kommen würden. Dann legten wir auf. Ein Gefühl der Hilflosigkeit machte sich in mir breit.

Jesus.
Frieden überkommt mich.
Es ist so weit.

Ich sah meine Mutter an, und sie fragte: „Soll ich hierbleiben?" – „Nein, geh bitte zu Naomi. Ich werde mit Irina allein bleiben, und mach bitte die Tür zu."

Meine Mutter ging aus dem Zimmer und schloss die Tür. Ich spürte an Irinas Hand, dass der Krampf nachließ. Ich kniete mich neben sie ans Bett. Jetzt spürte ich es ganz heftig: Es ging zu Ende. Ich fing an zu weinen, aber nicht panisch. Unter Schmerzen flehte ich zu Gott um ein schnelles Ende dieser Situation.

Wie ich Irinas Hand hielt, machte sich ein Gedanke in mir breit: *Ich werde dich bis zur Himmelspforte begleiten, und so lange lasse ich deine Hand nicht los.* Frieden kehrte in mein Herz ein. Der Krampf war vorbei. Ich kniete weiter neben ihr, hielt ihre Hand und legte meinen Kopf in ihren Schoß. Meine Gedanken waren ruhig.

Jesus ist bei ihr.

Die Atmung wurde gepresster und langsamer. Dann folgten die ersten Atemaussetzer. Ich stockte innerlich. Ich verharrte mehrere Minuten neben Irina am Bett. Die Lunge gab auf. Ich blickte auf Irinas Augen – sie ging. Dann setzte ein letztes Mal die Atmung aus. Ich merkte, wie ich selbst die Luft anhielt, und legte wieder meinen Kopf mit geschlossenen Augen in ihren Schoß. Die Zeit schien stehen zu bleiben. Meine Gedanken waren ruhig und klar. Wir standen gemeinsam Hand in Hand vor der Himmelspforte.

Herr Jesus, ich weiß, dass du meine Irina mehr liebst als ich.

Friede machte sich in mir breit. Irina war am Ziel.

Lass sie gehen.

Dann ließ ich ihre Hand los und richtete mich langsam auf. Ich wusste sofort: Irina war nicht mehr hier. Ich sah in ihre Augen: der vertraute Blick – verschwunden. Dann die Schwellung am Kopf, wo die Schädeldecke fehlte: Die Haut fiel langsam in sich zusammen. Irina war gestorben, oder wie wir Christen sagen: Sie war nach Hause gegangen.

Ich beugte mich über sie und gab ihr einen Kuss. Ein letztes Mal flüsterte ich:

„Ich liebe dich, Chérie. Und der Herr Jesus liebt dich noch mehr."

Und morgen Ewigkeit.

Abschied nehmen

> Und Gott wird abwischen alle Tränen von ihren Augen,
> und der Tod wird nicht mehr sein, weder Leid noch
> Geschrei noch Schmerz wird mehr sein.
>
> *Offenbarung 21, Vers 4*

Am 22. Dezember fand die Beerdigung statt, zehn Tage nach Irinas Heimgang. Den Vorabend verbrachte ich allein zu Hause, in unserer gemeinsamen Wohnung. Ich ging tief in mich und ließ nochmals alles auf mich wirken.

Ich bin nicht allein.

In meinem Herzen regierten Frieden und Liebe. So beschloss ich, an der Beerdigung im Hochzeitsanzug zu erscheinen, denn meine persönliche Trauer sollte von Liebe geprägt sein. Es war eine unvergessliche Abschiedszeremonie. Es kamen so viele Menschen, von alten Arbeitskollegen Irinas über langjährige Freunde bis hin zu den Arbeitskollegen meiner

Polizeiinspektion, Verwandten und vielen unserer gläubigen Geschwister. Die Abschlussandacht brachte unser Leben im Glauben noch einmal auf den Punkt. Die Lieder, der Auszug von der Halle zum Grab: Alles war von Wärme und Sonnenstrahlen erhellt. Jeder Handschlag, jede Umarmung, jedes Wort, jede Träne: Ich spürte alles sehr intensiv. Auch der einsetzende Regenguss konnte meinen friedlichen Trauergefühlen nichts anhaben. Auch wenn mir kalt wurde, blieb es in meinem Herzen dennoch die ganze Zeit warm. Diese Wärme durften wir alle auch bei der anschließenden Abschiedsfeier in unserer Gemeinde spüren. Es gab leckeres Essen, Kaffee, Kuchen und gute Gespräche. Wir hatten Gemeinschaft und ließen den Tag zusammen auf uns wirken. Es wurden Lieder gesungen, Gebete gesprochen und Ansprachen gehalten. Unsere liebe Christa, Irinas Logopädin, hielt einen Nachruf. Ich bin auch rückblickend so dankbar über alle Freunde, die Familie, meine Geschwister im Herrn und alle, die sonst teilgenommen haben oder in Gedanken bei uns waren. Es war ein gelungenes Abschiedsfest. So, wie ich es mir gewünscht hatte, und vor allem so, wie es sich Irina gewünscht hatte. Sie wollte, dass wir mehr feiern als weinen und dass wir unsere Tränen nur mit einem lachenden Herzen vergießen. Dieser Abschied war uns gelungen, und auch wenn ich zu diesem Zeitpunkt noch lange nicht alles begriffen hatte, war mir klar, dass etwas Unvergessliches geschehen war.

Die Zeit verging, und ich ging nahtlos in den Trauerbewältigungsprozess über. Es kamen Weihnachten, Silvester, der Geburtstag von Irinas Mutter und Naomis zweiter Geburtstag: erste Momente, in denen Irina bereits spürbar fehlte. Dann folgte ein Abschlussgespräch mit dem Team der SAPV. Hierbei durfte ich mit dem Kern-Team, das uns überwiegend betreut hatte, nochmals viele Dinge besprechen. Nach wie vor bin ich äußerst dankbar dafür, wie die SAPV insgesamt agiert hat, was sich unter anderem auch in diesem Nachsorgegespräch zeigte. Man wird nicht hängen gelassen, könnte man salopp formuliert zusammenfassen. Es war schön, die bekannten Gesichter wiederzusehen – das beruhte auf Gegenseitigkeit. Immerhin hatten wir gemeinsam für knapp drei Monate eine intensive Zeit durchlebt – das prägt. Die Menschen der SAPV waren ebenfalls Zeugen des Wirkens Gottes, was sich in ihrem Feedback dann auch deutlich widerspiegelte. Denn die schlimmsten und schwierigsten Fälle für die SAPV sind Glioblastom-Patienten. Also Menschen, die wie Irina einen Gehirntumor des schlechtesten Grades haben. Die Verläufe sind sehr unberechenbar, und man kann dadurch viele Dinge, auch aus medizinischer Sicht, nur sehr schwer erkennen, einschätzen oder behandeln. Die Ungewissheit erschwert alles, und alle, nicht nur die Patienten selbst, leiden extrem darunter. Aber bei Irina war alles irgendwie anders gewesen. Sie hatte es dem Team „so leicht wie nie" gemacht.

Grundsätzlich begleitet die SAPV die Patienten auf ungewisse Zeit, jedoch pendelt diese sich im Schnitt auf ca. 14 Tage ein. Bei uns waren es allerdings über 80 Tage gewesen – was vor allem für Glioblastom-Patienten eine außergewöhnlich lange Zeit ist. Aber was noch viel erstaunlicher war: Über die gesamte Sterbephase hinweg hatten sie nicht ein einziges Opiat, Morphin oder anderes schweres Betäubungsmittel verabreichen müssen. Aus medizinischer Sicht eigentlich unmöglich, ein Wunder – und gleichzeitig in den Augen aller eine der „schönsten" Möglichkeiten zu sterben.

Irina hatte kaum Schmerzen und keinen Todeskampf gehabt – sie hatte Frieden, sie konnte einfach gehen. Zusätzlich sah das SAPV-Team stets mit bangen Blicken auf mich. *Wie lange hält er durch? Kinderbetreuung, epileptische Anfälle, intensive Pflege,*

Sterbebegleitung. Wieso bricht er unter dieser Last nicht zusammen? Der tatsächliche Druck auf uns alle war eigentlich viel zu hoch. Normalerweise bekommen irgendwann selbst die Team-Mitarbeiter psychische Schwierigkeiten aufgrund der Schwere der Gesamtumstände: die Länge der Betreuung, die Erkrankung an sich und ihre Auswirkungen, die Situation der Angehörigen, der Druck, medizinisch richtig zu handeln, und so weiter. Deshalb ist die Belastung nach einer gewissen Zeit in der Regel so hoch, dass ein Mitarbeiter rausgenommen und ersetzt werden muss. Zudem bemerken die Mitarbeiter oft schon beim Betreten der Wohnung eines Patienten, dass eine ganz schwere Stimmung spürbar ist. Doch auch in diesen Punkten war bei uns alles anders. Niemand musste ausgewechselt werden, und jeder konnte bis zum Ende weitermachen. Auch hatte keiner zu irgendeinem Zeitpunkt dieses erdrückende Schwere-Gefühl, auch nicht beim Betreten unserer Wohnung. Oft war sogar das Gegenteil der Fall. All das hatte die SAPV in ihrem Team noch nie erlebt. Das war das erstaunliche Endresümee des Arztes.

„Was glauben Sie, was das war?", fragte ich den Arzt.
„Das weiß ich nicht, es war auf jeden Fall nicht von dieser Welt und übersteigt meinen Verstand", war seine Antwort.
„Ich sage Ihnen, was das war", erklärte ich ruhig.
„Das war Gottes Gnade. Wir haben jeden Tag auch für Sie und das Team gebetet. Und zwar genau dafür: dass hier niemand ausfällt und dass Gott uns alle durchträgt."

Seine Antwort daraufhin war:
„Dann hatten wahrscheinlich sowohl Sie als auch wir die Kraft für all das nur von oben. All das durchzustehen war völlig übernatürlich, und das Team ist davon überzeugt, dass Sie das alles nur durch Ihren Glauben geschafft haben."

Die SAPV wurde Zeuge von Gottes Gnade und davon, wie ein Kind Gottes nach Hause gegangen ist. In unserem Abschlussgespräch beschrieb ich das als „schön", da ich meine Frau bis an die Himmelspforte begleiten durfte. Auch wenn der Arzt dem Begriff „schön" noch nicht zustimmen konnte, was ich absolut nachvollziehen kann, bestätigte er mir zum Abschluss: „Eine Patientin wie Irina werden wir niemals vergessen."

Auch ich werde meine Frau Irina niemals vergessen.

Und viele andere werden Irina ebenfalls niemals vergessen.

Doch eines weiß ich gewiss: Ich werde sie wiedersehen. Bei unserem Heiland Jesus Christus – und dann für alle Ewigkeit.

Epilog

Der Großteil dieses Buches ist in meinem ersten Trauerjahr entstanden. Während ich diesen Epilog schreibe, rückt der erste Todestag von Irina immer näher. Es ist unangenehm, traurig und schmerzhaft, aber das gehört zur Trauerbewältigung dazu. Die Bibel sagt, dass ein Mann und eine Frau durch die Ehe ein Fleisch werden, sie werden eins. Nichts kann sie scheiden – nur der Tod. Irina und ich durften das auf allen Ebenen sehr intensiv erleben, und ich möchte dieses Buch mit einem Bild beschließen, das die Schmerzen, die ich durch den Tod und in der Trauer durchleide, am besten beschreibt.

Stellen Sie sich eine Amputation vor: Ein Teil des Körpers wird durch einen operativen Eingriff abgetrennt. Danach ist das entfernte Körperteil nicht mehr anzubringen und für immer fort. Durch Irinas Tod wurde auch von mir ein Teil abgetrennt. Es war wie in einer sehr langen und schmerzhaften Operation, bei vollem Bewusstsein und ohne Betäubung. Eben eine Amputation, bloß dass es sich hierbei nicht um irgendein Körperteil handelte, sondern um eine Person – meine Ehefrau Irina, die ich über alles geliebt habe. Was zurückbleibt, ist eine tiefe, schmerzhafte Wunde, die nur sehr langsam, schwer und mühsam abheilt. Nach ein paar Monaten ließen die unmittelbaren Schmerzen ein wenig nach, doch es bleiben die Phantomschmerzen: Schmerzen, die an der Wunde auftreten, sobald du an die Amputation erinnert wirst. Einige Schmerzen kommen auch unkontrolliert und unvorhersehbar, z. B. wenn dich jemand Unbekanntes auf einer Hochzeit fragt, wo denn die Mutter der bezaubernden Tochter sei. *Zack, ein tiefer Stich,* und der Schmerz ergreift dich ohne Vorwarnung. Das Entsetzen im Gesicht der fragenden Person und die anschließende Stille nach der Erklärung machen es nicht besser. Ich reagiere zwar souverän, weil ich mich im Vorfeld auf solche Gespräche vorbereitet habe, aber auf den Schmerz kann man sich nicht vorbereiten.

Darüber hinaus hat jeder seine eigene Art und Weise, mit Schmerz umzugehen. Hierbei denke ich, dass es kein Richtig oder Falsch gibt, aber ich denke auch, dass es mit deiner Herzenshaltung zu tun hat. Ich persönlich habe beschlossen, jeden Schmerz zuzulassen und ihn nicht zu betäuben. Schließlich heißt es auch Trauer*bewältigung* und nicht Trauer*betäubung*. Beim Einnehmen dieser Herzenshaltung und dem Zulassen der Schmerzen von Anfang an hat mir vor allem ein sehr wichtiger Vers aus der Bibel geholfen:

> Mehr als alles andere behüte dein Herz;
> denn von ihm geht das Leben aus.
>
> *Sprüche 4, Vers 23*

Ich kann meine Trauer und meinen Schmerz nur bewältigen, weil ich auf mein Herz achtgebe. Leider gibt es immer wieder unvermeidbare Situationen wie auf der Hochzeit, die in unterschiedlicher Intensität für teilweise heftige Trauer sorgen. Dazu kommen vorhersehbare Situationen, die starke Phantomschmerzen auslösen: Weihnachten, Neujahr, Naomis zweiter Geburtstag, dann der Muttertag, gleich gefolgt vom Vatertag. Ich hätte es nicht gedacht, aber diese Tage machen mich fertig. Dann kommt der nächste wirklich heftige Tag, und mit jeder Stunde, mit der er näher rückt, beginnt meine Wunde stärker zu brennen: der Hochzeitstag. Zeitnah folgt Irinas Geburtstag. Es ist surreal und nicht in Worte zu fassen, wie ich mich hierbei fühle. Ich erlebe Abende, an denen ich einfach nur weine, und zwar so viel, bis ich nicht mehr weinen kann. Dabei liege ich gekrümmt auf dem Boden und kann nicht mehr aufstehen. Die Schmerzen scheinen nicht aufzuhören, meine Lebenskraft scheint mehr und mehr zu schwinden. Doch dann erfahre ich wieder eine unbeschreibliche Kraft: eine Lebenskraft, die mich immer und immer wieder aufrichtet. Meine Kraft? Nein. Wenn ich so völlig kraftlos, erschöpft und mit zerbrochenem Herzen am Boden liege, tue ich nur eines: beten. Ich stärke mich in meinem Herrn. Und er antwortet. Immer. Wie? Mit Trost. So, wie ER es versprochen hat:

> Wie einen, den seine Mutter tröstet,
> so will ich euch trösten.
>
> *Jesaja 66, Vers 13a*

Keine Tabletten, keine Psychopharmaka, keine Therapeutika, keine Psychologie – einfach nur beten. Und jedes Mal merke ich es aufs Neue: Ich bekomme eine tröstende Kraft, die mich immer und immer wieder aufstehen und die Schmerzen überwinden lässt.

Meine Amputa-
tionswunde heilt
immer weiter. Die
Schmerzen lassen
immer mehr nach.

Aber in dem allem überwinden wir weit
durch den, der uns geliebt hat (Christus).

Römer 8, Vers 37

Trauerbewältigung heißt: Das zerbrochene Herz heilt, und die
Wunden werden verbunden. Das gibt es nur bei Gott.

Er heilt, die zerbrochenen Herzens sind,
und verbindet ihre Wunden.

Psalm 147, Vers 3

Auf welche Wei-
se erfüllt Gott die-
ses Versprechen?
Ganz einfach: Glau-
be, was er gesagt
hat, bitte darum,
und du wirst es am eigenen Leib erfahren.

Ich gehe aktuell durch viele dunkle Täler und versuche,
mein Leben irgendwie zu schaukeln. Normalität zu leben,
obwohl nichts mehr normal
ist. Aber auch wenn es mir
oft nicht so gut geht, erleben
mich sehr viele Menschen
so: glücklich, funktionierend
und mit einer sehr glücklichen Tochter an meiner Seite.
So höre ich des Öfteren solche Aussagen wie:

Darum sage ich euch: Alles, was
ihr auch immer im Gebet erbittet,
glaubt, dass ihr es empfangt,
so wird es euch zuteilwerden!

Markus 11, Vers 24

*„Ich habe noch nie einen so glücklichen Mann
mit einer solch glücklichen Tochter gesehen."*

Diese Kommentare stammen von erstaunten Menschen, und
so sehen mich sehr viele Menschen. Ich selbst sehe mich auch

so, allerdings kommt die Kraft dafür nicht von mir. Diese Kraft kommt einzig und allein von oben.

Es handelt sich hier um dieselbe Kraft, die Irina durch dieses unsägliche Leid hindurchgetragen hat. Eine Quelle, die nicht mit Worten, sondern nur mit Glauben zu erklären ist.

> Ich vermag alles durch den, der mich stark macht, Christus.
>
> *Philipper 4, Vers 13*

Alle, die uns begleitet haben oder dieses Buch lesen, sind Zeugen von diesem Wirken Gottes in unserem Leben geworden.

Danksagung

Am Ende dieses Buches möchte ich ein besonderes Dankeschön an alle Wegbegleiter richten. Ich könnte hier unzählige Danksagungen anführen an lauter liebenswürdige Menschen, die uns in den härtesten und dunkelsten Stunden unseres Lebens zur Seite standen. Doch ich könnte es nicht vollständig und angemessen zusammenfassen. Deswegen möchte ich einige wenige herausheben.

Danke an alle Angehörigen unserer beider Familien, an unsere Freunde und unsere Arbeitskollegen, die Ihr uns alle außerordentlich unterstützt habt. Danke an alle unsere gläubigen Geschwister im Herrn, die Ihr vor allem mit Gebet an unserer Seite standet und uns ganz eng und liebevoll begleitet habt. Ein besonderer Dank für eine vollumfängliche Betreuung ohne Grenzen gilt auch dem Team unserer onkologischen Praxis, mit einer wunderbaren Ärztin aus Leidenschaft, und den Mitarbeitern der SAPV Augsburg – ohne Euch hätten wir vieles nicht geschafft.

Aber ganz besonders möchte ich meinen Eltern und Irinas Mutter danken:

Liebe Mama, lieber Papa, liebe Schwiegermama,
Danke für alles! Ich liebe Euch.

Fünf Schritte zu einem neuen Leben

Wenn Sie wissen wollen, wie man ein Leben mit Jesus Christus beginnt, nennen wir Ihnen fünf Schritte zu einem neuen Leben:

1 Beten Sie zu Jesus Christus. Sie können ganz einfach mit ihm reden. Er versteht und liebt Sie (Matthäus 11,28).

2 Bekennen Sie ihm, dass Sie bisher ohne Gott gelebt haben. Erkennen Sie an, dass Sie ein Sünder sind, und bekennen ihm dies als Ihre Schuld. Sie können ihm alle konkreten Sünden nennen, die Ihnen bewusst sind (1. Johannes 1,9).

3 Bitten Sie Jesus Christus, als Herr und Gott in Ihr Leben einzukehren. Vertrauen und glauben Sie ihm von ganzem Herzen. Wenn Sie sich so Jesus Christus als Herrscher anvertrauen, macht er Sie zu einem Kind Gottes (Johannes 1,12).

4 Danken Sie Jesus Christus, dem Sohn Gottes, dass er für Ihre Sünde am Kreuz gestorben ist. Danken Sie ihm, dass er Sie aus Ihrem sündigen Zustand erlöst hat und jede einzelne Sünde vergeben wird (Kolosser 1,14). Reden Sie jeden Tag mit ihm im Gebet und danken Sie ihm für Ihre Gotteskindschaft.

5 Bitten Sie Jesus Christus als Herrn, die Führung in Ihrem Leben zu übernehmen. Suchen Sie den täglichen Kontakt mit ihm durch Bibellesen und Gebet. Der Kontakt mit anderen Christen hilft, als Christ zu wachsen. Jesus Christus wird Ihnen Kraft und Mut zur Nachfolge geben.

Bildquellen

Seite 189:	© freepik.com
Seite 196:	© freepik.com
Seite 204:	© freepik.com
Seite 211:	© unsplash.com
Seite 217:	© freepik.com
Seite 222:	© Martin Flemming

Judith und Johann Rempel
Brustkrebs – Und plötzlich ist alles anders
Eine wahre Geschichte

Brustkrebs: Das gewohnte Leben gerät aus den Fugen, und
plötzlich sieht man sich mit der eigenen Sterblichkeit konfrontiert. Judith Rempel schreibt sehr persönlich und bewe-
gend, wie sie mit ihrer Krankheit umging und sich trotz aller
Angst und Schmerzen von Gott getragen wusste.

Gb., 208 S., 11 × 17 cm
Bestell-Nr. 271407
ISBN 978-3-86353-4073

Dieter Hesse, Hartmut Jaeger, Thomas Kleine (Hg.)
Vom Blitz getroffen
Zwei Männer im Gewitter – Eine wahre Geschichte über Leben und Tod

Zwei Männer werden vom Blitz getroffen; der eine verstirbt, der andere überlebt. „Warum macht Gott so was?", fragt nach diesem Ereignis nicht nur der kleine Junge an Daniel Hobergs Beerdigung. Mit sehr persönlichen Worten schildern Daniels frühere Weggefährten, wie sie dieses schreckliche Unglück und die Zeit danach erlebt und verarbeitet haben. Es wird deutlich: Wer Got in die Antwort auf die Frage nach dem Leid miteinbezieht, erhält eine tragende Hoffnung.

Tb., 128 S., 12 × 18,7 cm
Bestell-Nr. 271920
ISBN 978-3-86353-9207

Peter Hahne
Leid – und wo bleibt Gott?

„Wo war Gott in Japan?", fragte DIE ZEIT nach dem schrecklichen Erdbeben und der Katastrophe von Fukushima. „Mein
Gott, warum?", klagte die BILD nach dem schrecklichen Fund
einer Kinderleiche. Warum das Leid? Diese uralte Frage stellt
sich immer wieder neu. Trauer und Tränen, Katastrophen und
Kriege, Verzweiflung und Schmerzen: Von Leid ist jeder betroffen. Und die Frage nach Gott in all dem Leid schreit zum
Himmel. Sie trifft Christen und Zweifler gleichermaßen.

Gb., 160 S., 11 × 17 cm
Bestell-Nr. 271947
ISBN 978-3-86353-947-4

Hartmut Jaeger
Warum das alles?
Denkanstöße und persönliche Erfahrungen im Leid

Dieses Buch nimmt Stellung zur Frage nach dem Leid. Es wird deutlich: Wer glaubt, ist besser dran im Leid und gewinnt sogar eine Perspektive über das Leid hinaus ...

Tb., 64 S., 11 x 18 cm
Best.-Nr. 273801
ISBN 978-3-89436-801-2

Hartmut Jaeger/Markus Wäsch (Hg.)
Wo ist Gott im Leid?
kurzgefasst. Daten, Fakten, Wissenswertes

Warum lässt Gott überhaupt Leid zu? Mangelt es Gott an Liebe, weil er dem Bösen freien Lauf lässt? Markus Wäsch versucht, Ansätze von Antworten zu geben ...

Pb., 64 S., 11 x 16 cm
Best.-Nr. 271199
ISBN 978-3-86353-199-7

In der Reihe *kurzgefasst* werden zentrale Glaubensthemen kurz und bündig behandelt, und es wird versucht, das Wichtigste auf den Punkt zu bringen. Bisher in dieser Reihe erschienen:

  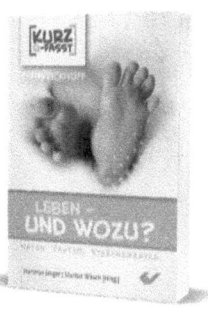

Jesus Christus
Best.-Nr. 273910
ISBN 978-3-89436-910-1

Existiert Gott?
Best.-Nr. 273938
ISBN 978-3-89436-938-5

Was bringt Religion?
Best.-Nr. 271102
ISBN 978-3-86353-102-7

Die Bibel
Best.-Nr. 273911
ISBN 978-3-89436-911-8

Leben nach dem Tod
Best.-Nr. 273973
ISBN 978-3-89436-973-6

Leben – und wozu?
Best.-Nr. 271153
ISBN 978-3-86353-153-9